R. B. Mitchell

Alleine weinst du wütender

R. B. MITCHELL

ALLEINE WEINST DU WÜTENDER

EINE SUCHE NACH HOFFNUNG UND ZUHAUSE

Aus dem amerikanischen
Englisch von Doris C. Leisering

SCM Hänssler

SCM
Stiftung Christliche Medien

FSC www.fsc.org
MIX
Papier aus verantwortungsvollen Quellen
FSC® C006701

SCM Hänssler im SCM-Verlag GmbH & Co. KG · 71088 Holzgerlingen
Internet: www.scm-haenssler.de · E-Mail: info@scm-haenssler.de

Überarbeitete und gekürzte Ausgabe, zuvor erschienen unter dem Titel *Kind der Hoffnung* mit der ISBN 978-3-7751-4874-0.

Übersetzung: Doris C. Leisering
Redaktionelle Mitarbeit an der gekürzten Ausgabe: Anja Schäfer
Umschlaggestaltung: joussenkarliczek.de
Titelbild: Inkje Drescher, Wolfenbüttel
Satz: Satz & Medien Wieser, Stolberg
Bilder im Innenteil: R. B. Mitchell
Druck und Bindung: CPI – Ebner & Spiegel, Ulm
Gedruckt in Deutschland
ISBN 978-3-7751-5489-5
Bestell-Nr. 395.489

Für alle Einsamen, die sich selbst verletzt haben oder durch die Misshandlung oder Gleichgültigkeit anderer verletzt wurden – und für alle, die nicht aufhören zu beten und Hoffnung ins Dunkel bringen wollen.

Inhalt

Danksagung

Mein Dank geht an:

Gott, der mich weiter führt, als ich mir vorstellen kann, wenn ich auf ihn höre.

Susan, meine Frau und Gefährtin – noch größer als deine äußere Schönheit ist deine kluge, einfühlsame und liebevolle innere Schönheit, die mir auf unserer gemeinsamen Reise immer wieder Kraft gibt.

Alicia und Luke – euer Vater zu sein, ist die größte Freude meines Lebens.

Paul – erst nur Gast, jetzt ein Bruder.

Meine Crew aus Rockford: Art, Paul, Marge und »die Girls«.

Joe und Mary Davis (bereits verstorben) – Susans Eltern und wunderbare Schwiegereltern.

Ein Dankeschön auch an alle Leute aus Princeton, die nicht in diesem Buch erwähnt sind, sich aber ebenfalls um mich bemüht haben: Carol, Colleen, George, Helen, John, Ralph und Tim sowie die Swansons und die Malms.

Aus dem College: Die Eds, Barbie, David, Doug, Gerry, Jimmy, John, Kate und die *New-Garden*-Jugendgruppe.

Die Missionare Ruth und Brad Hill und Jan und Bob Thornbloom. *Mbote!*

Die Männer, die mich immer wieder an meine Verantwortung erinnern: Barry, Jay, Pete und Steve.

Die Männer von CBMC, besonders Pat O'Neal.

Die Cathys von *Chick-fil-A* und ihre Organisation für gefährdete Kinder, *WinShape*.

Die Mitglieder von *Kiwanis*, die sich um gefährdete Kinder kümmern und mich einladen, ihnen dabei zu helfen.

Die *Red Pen Partners* von Massachusetts.

Dotty Hoots und ihre Studenten in der Abschlussklasse 2004 der *Wesleyan Academy* – die Besten.

Phil Downer von *DNA Ministries* und unseren Kumpel Ken Walker, für die Ermutigung.

Ronda, Ruth und Vivien, die alles am Laufen halten.

Nanci und John, die mich bei *Focus on the Family* betreuen.

Und Barbara Winslow Robidoux, mein Schreibcoach und inzwischen eine gute Freundin.

Ist diese Geschichte wahr?

Dieses Buch ist ein Buch der Hoffnung. Bei all dem Aufruhr in letzter Zeit über Memoiren voller zweifelhafter »Fakten« ist die Frage berechtigt, ob dies wirklich eine wahre Geschichte ist.

Als ich Anfang der 1990er-Jahre bei einer Spendenveranstaltung für das *Covenant Children's Home* einen Vortrag hielt, erfuhr ich vom Direktor, dass ich, da ich nie in Obhut des Staates gewesen war, vollen Zugriff auf meine Fürsorgeakten hatte. Ich kopierte etliche Dokumente für meine Unterlagen und dachte dabei oft: *Solltest du jemals ein Buch schreiben, werden die Leute glauben, du hättest dir das alles nur ausgedacht.*

Aber alles ist so passiert. Nicht nur ich habe mir die Ereignisse so gründlich wie möglich in Erinnerung gerufen, sondern sie sind auch in den Notizen meiner Sozialarbeiter, in protokollierten Gesprächen und im Tagebuch meiner Großmutter Gigi dokumentiert.

Damit die anderen Kinder aus dem Waisenhaus ihre eigene Geschichte erzählen können, wem und wann sie wollen, werden sie hier nicht erwähnt – nur einen nenne ich mit ausdrücklicher Erlaubnis. Kein Name in diesem Buch ist erfunden, einige sind aber Spitznamen.

Manche haben mir schon gesagt, dass ich mich ungewöhnlich präzise an die Dinge erinnern kann. Natürlich hat kein Mensch ein perfektes Gedächtnis, aber die Dialoge geben den Kern der jeweiligen Situation wieder und sind so wortgetreu wie möglich erzählt. Alle noch lebenden Erwachsenen, die beteiligt waren und die ich erreichen konnte, haben meine Beschreibung der Ereignisse bestätigt.

Ja, diese Geschichte der Hoffnung ist wahr. Weitere Einzelheiten finden sich auf der englischsprachigen Website www.amillionlittleproofs.com.

Nicht die Umstände machen einen Menschen aus,
sondern sein Charakter.
Booker T. Washington
Pädagoge und ehemaliger Sklave

1 Verlassen

Die Erinnerungen an meine frühe Kindheit sind größtenteils dunkel und undeutlich. Aber ein Bild habe ich deutlich vor Augen. Die Angst hat es unauslöschlich in mein dreijähriges Gehirn gebrannt: Mutter und ich stehen vor einem großen Gebäude. Hohe Schneehaufen säumen den Gehweg. »Komm schon, Robby«, sagt sie und zerrt mich die Stufen zur Eingangstür hinauf. »Sie warten auf uns.«

Bald darauf übernachten wir in einem fremden Zimmer. Ich weiß nicht, warum. Als ich nachts aufwache, höre ich unheimliche Geräusche und Schatten und beginne zu wimmern. Meine Mutter ermahnt mich, still zu sein.

Wir erwachen von einem lauten Glockenschlag. Die Sonne scheint und die furchterregenden Schatten sind verschwunden. Die ungewohnten Laute der letzten Nacht weichen dem Lärm rennender Füße und Gelächter.

Wir frühstücken in einem großen Raum voller Kinder, aber sie scheinen uns nicht zu bemerken. Als wir fertig sind, bringt Mutter mich nach oben. Eine namenlose Dame in einem langen dunklen Kleid empfängt uns. »Geh dort hinüber und spiel ein bisschen«, sagt sie und deutet auf eine Ecke, wo ein Junge Bauklötze aufeinanderstapelt.

Ich bewege mich nicht.

»Tu, was sie sagt, Robby!«, befiehlt Mutter.

Ich klammere mich ans Bein meiner Mutter. Sie windet sich aus meiner Hand, packt mich am Arm und zerrt mich zur Spielecke.

Sie lässt mich so auf den Boden plumpsen, dass ich den Jungen anblicke und mit dem Rücken zu ihr sitze. Ich will einen Bauklotz nehmen, aber der Junge greift ihn sich schneller. Als er das ganze Spielzeug zu sich hinschiebt, drehe ich mich um und will mich beschweren.

Nur die fremde Dame steht noch da. Meine Mutter ist weg.

»Mami musste ins Krankenhaus, Robby«, sagt die Frau. »Sie ist mit dem Zug zurück nach Chicago gefahren. Sie wird dich wieder besuchen, wenn es ihr besser geht.«

Ihr Mund bewegt sich weiter, aber ich nehme ihre Worte nicht mehr wahr. Als mir endlich klar wird, dass meine Mutter mich verlassen hat, fange ich an zu weinen.

»Hör auf damit, Robby«, befiehlt die Frau. »Spiel weiter.«

»Ich will zu Mami!«, schreie ich. »Ich will zu Papi, ich will zu Oma Gigi, ich will nach Hause!« Meine Schreie gehen in lautem Schluchzen unter und ich renne zur Tür. Ich versuche sie zu öffnen, aber die Türklinke lässt sich nicht bewegen.

»Hör auf zu weinen, Robby, oder ich versohle dir den Hintern!«, warnt mich die Frau.

»Ich will nach Hause! Ich will nach Hause!«, heule ich, werfe mich zu Boden und strample mit den Füßen.

Mein Wutanfall überschreitet die Grenzen ihrer Geduld. Sie reißt mich vom Boden hoch und schlägt mir immer wieder auf den Po. Schließlich beiße ich die Zähne zusammen, damit die Schreie nicht mehr herauskommen. Sie hört auf, aber ich schniefe immer weiter.

Die anderen Kinder ignorieren mich.

Am nächsten Morgen wache ich in einem nassen Bett auf. Die Frau schimpft. Nach dem Frühstück bezieht sie die Matratze mit einem braunen Gummilaken und legt ein weiteres braunes Gummilaken dazu. Den ganzen Vormittag muss ich zwischen diesen beiden Laken liegen bleiben. Sie sind sehr warm und quietschen, wenn ich mich bewege.

»Pipi-Baby«, grölen einige Jungen. »Der Neue ist ein Pipi-Baby!« Ich schäme mich, habe aber zu viel Angst, um etwas zu sagen.

Die quietschenden braunen Gummilaken stempeln mich als schlechten Jungen ab, ich bin anders.

Anders als die anderen Jungen an dem Ort, an dem Mutter mich zurückgelassen hat.

~

In den folgenden Wochen und Monaten hörte ich nichts mehr von meiner Mutter. Aber Oma Gigi meldete sich! Ich weiß nicht, wie oder wann sie herausfand, wo ich war, aber sobald sie es wusste, kam sie jeden Samstag mit dem Zug aus Chicago und besuchte mich in der kleinen ländlichen Stadt Princeton in Illinois.

Gigi war über sechzig, geschieden und arm. Sie wohnte allein in einer winzigen Wohnung und arbeitete im großen *Marshall Field's*-Kaufhaus im Stadtzentrum. Meine Mutter, Joyce Mitchell, war ihr einziges Kind und ich war Gigis einziges Enkelkind.

Mich zu besuchen, war nicht leicht für sie. Sie musste dafür ihre Wohnung im Norden der Stadt frühmorgens verlassen, vier Straßen weiter zur Howard Street laufen und den Bus zum Howard-Bahnhof nehmen. Von dort fuhr sie mit der Hochbahn nach Belmont, stieg dort in eine andere Bahn und lief mehrere Straßen weit zur *Union Station*. Von dort fuhr sie noch einmal zwei Stunden nach Princeton. Kam sie um zehn Uhr morgens dort an, musste sie bis zum *Covenant*-Kinderheim noch einmal eine lange Strecke laufen.

Wenn sie mich endlich sah, kniete sie sich hin und wartete darauf, dass ich ihr entgegenrannte. Irgendwie schaffte sie es, auf den Beinen zu bleiben, wenn ich mich in ihre Arme warf. Sie umarmte mich fest – und roch dabei so gut. Immer sah sie aus wie eine Dame – ein schlichtes, aber schmeichelhaftes Kleid umspielte ihre mittelgroße Figur, und sie trug Ohrringe, eine Halskette, Nylonstrümpfe, hohe Schuhe und einen Hut, unter dessen Rand kurze dunkle Locken hervorlugten.

»Was hast du Neues gelernt, seit ich das letzte Mal hier war?«, fragte sie immer. Ich erzählte ihr dann alles, was mir einfiel. Danach zog ich sie stolz zum Spielplatz, um ihr mein neuestes Kunststück vorzuführen. Ich strahlte, wenn sie andere Jungen mit »Hallo« begrüßte und mit Namen anredete. Wir Heimkinder fühlten uns als etwas Besonderes, wenn jemand sich daran erinnerte, wer wir waren.

Mittags besuchten wir immer ein kleines Restaurant in der Nähe. Sie bestellte sich einen Kaffee, aß aber selten etwas. Sie ließ mich in die Speisekarte schauen und sagte dann: »Wie wär's mit einem Hamburger und einem schönen Glas Milch? Und zum Nachtisch essen wir Eis.« Das klang gut für mich.

Aber es war immer viel zu schnell zwei Uhr nachmittags. Gigi musste sich verabschieden, um den Drei-Uhr-Zug zurück in die Stadt zu erreichen.

»Gigi, nimm mich mit«, bettelte ich jedes Mal. »Bitte, Gigi, bitte nimm mich mit!«

Dann kniete sie sich immer mit Tränen in den Augen vor mich hin und sagte: »Robby, Schatz, du bist mein lieber Enkelsohn. Es tut mir leid, dass ich dich nicht zu mir holen kann. Es tut mir leid, dass deine Eltern zu krank sind, als dass du bei ihnen bleiben kannst. Halte meine Liebe ganz fest in deinem Herzen. Sie wird immer bei dir sein.«

Ich verstand nicht, was sie meinte. Ich wusste nur, dass ich jeden Samstag, wenn sie bei mir war, von Liebe erfüllt war. Wenn sie ging, fühlte ich mich leer und allein.

Jedes Mal stand ich vor der Eingangstür des Kinderheims, wenn sie ging. Mit verschränkten Armen, die Hände fest in die Achselhöhlen gepresst, wiegte ich mich leicht von links nach rechts.

Warum nimmst du mich nicht mit nach Hause?, rief ich ihr in Gedanken nach. *Ich werde brav sein, Gigi. Ich versprech's. Ich werde nicht viel essen! Bitte, bitte lass mich nicht hier!*

Schließlich verschwand sie aus meinem tränenverschleierten Blick. Und der Einzige, der noch da war, um mich zu umarmen, war ... ich selbst.

Der zwei Jahre alte Robby umarmt seine Mutter, Joyce Mitchell (April 1957). Sechs Monate später versucht sein Vater Robert (re.), sich das Leben zu nehmen.

Großmutter Gigi mit dem zweieinhalb Jahre alten Robby

2 Bei den kleinen Jungen

Ich weiß nicht genau, wie viele Monate vergingen, bevor das Bettnässen aufhörte, aber die Gummilaken verschwanden, kurz bevor Nola kam. Unsere neue Gruppenleiterin war neunundzwanzig Jahre alt, nicht verheiratet und eine geradlinige Frau mit strahlendem Lächeln und funkelnden Augen.

Sie trug fast immer lange, einfarbige Kleider oder eine Bluse und Dreiviertelhosen, eine Hornbrille im Stil der Fünfziger-Jahre und keinen Schmuck. Ihr welliges dunkles Haar war kurz geschnitten. Wenn man sie nach dem Grund dafür fragte, lachte sie: »Ich hab keine Zeit, mich mit meinen Haaren *und* einem Dutzend Jungs herumzuschlagen!«

Ich war völlig hingerissen von ihr!

Nola lachte viel und umarmte gern. Sie zog uns den Hosenboden stramm, wenn es nötig war, aber nur, wenn es einen guten Grund dafür gab, und nie lieblos. Die Wärme, die sie ausstrahlte, half, einen Teil meiner inneren Leere zu füllen.

So konnte ich mich darauf konzentrieren, meine neue Umgebung kennenzulernen.

Das *Covenant*-Kinderheim befand sich am nordöstlichen Rand von Princeton. Auf der einen Seite lagen Mais- und Sojafelder, auf der anderen war offenes Weideland.

Das Hauptgebäude beherbergte die Schlafsäle, die Personalbüros, einen Speisesaal und eine Besucherlounge. Daneben gab es noch ein kleineres Gebäude mit einer Wäscherei in der oberen

Nola, Hausmutter im Kleine-Jungen-Schlafraum, trifft ein Jahr nach Robby ein.

und einem Heizungsraum in der unteren Etage. Etwas abseits lagen noch eine Scheune, ein Hühnerstall und Gemüsegärten.

In sicherem Abstand von der Straße hatten wir einen riesigen Spielplatz mit hohen Schaukeln, einem Karussell, Rutschen, einem Basketball- und einem Baseballfeld. Mich faszinierte vor allem das riesige, feuerrote Klettergerüst mit Ringen, Reck, Kletterstangen und großen Leitern. Aber ich traute mich noch nicht, so hoch zu klettern.

Wir waren in vier Gruppen unterteilt: kleine und große Jungen und kleine und große Mädchen.

Auf der zweiten Etage des kleineren Gebäudes waren die großen Jungen untergebracht, die kleinen Jungen bewohnten die zweite Etage und die Mädchen teilten sich die dritte Etage im Hauptgebäude.

In unserer Gruppe waren wir acht bis sechzehn Jungen unter zehn Jahren. Nola wohnte bei uns auf der Etage und hatte ein kleines privates Schlaf- und Badezimmer.

Das schwedische *Covenant*-Kinderheim in Princeton, Illinois, wie es damals aussah. Im Hauptgebäude gab es Schlafsäle, Personalbüros, einen Speisesaal und eine Besucherlounge.

Zwölf Bewohner des Kleine-Jungen-Schlafraums sitzen bei einem Imbiss zusammen. Robby ist gerade vier Jahre alt und ganz links zu sehen.

Unser Waschraum hatte nichts Privates. Von allem gab es zwei Exemplare und alles war weiß: die Holzkabinen, die Toiletten, die Bodenfliesen, die Badewannen und die niedrigen Kinderwaschbecken.

Wir hatten ein großes Wohnzimmer mit einem robusten Teppichboden, zwei strapazierfähigen Sofas, ein paar abgewetzten Stühlen und zwei großen Tischen, an denen wir unsere Hausaufgaben erledigten, malten und spielten. Der braune Fernseher war größer als ich und hatte eine Zimmerantenne, mit der wir die wenigen damals verfügbaren Fernsehsender empfangen konnten.

In unseren vier Schlafzimmern standen schwarze Eisenbetten, in einem Zimmer drei, in den anderen beiden jeweils vier.

Eine Kommode aus Eichenholz mit mehreren Schubladen vervollständigte in jedem Zimmer die Einrichtung. Jedes Kind hatte eine Schublade. Sie wurden je nach Größe zugeteilt. Da ich mit drei Jahren der Kleinste war, bekam ich die unterste Schublade.

Die Schubladen waren, wie ich bald merkte, für geheime Schätze reserviert. Wer in die Schublade eines anderen Jungen auch nur hineinspähte, wurde von den anderen windelweich geprügelt. In meiner Schublade lagen hauptsächlich hübsche Steine und Federn, die ich auf dem Spielplatz fand. Wenigstens einmal am Tag schaute ich sie mir an, nur um sicher zu sein, dass sie noch da waren. Manche Kinder öffneten ihre Schublade nie.

Da die Kinder häufig kamen und gingen, war kaum Zeit, um Freundschaften zu schließen. Manche blieben nur für ein oder zwei Tage, andere ein paar Monate oder auch länger. Am Anfang waren die Kinder oft wütend, verwirrt und frustriert. Teil einer großen Gruppe zu sein, half uns kaum. Wir lebten zwar mit vielen anderen zusammen, aber jeder von uns fühlte sich allein.

Das Personal musste mit unserer großen Bandbreite an Hintergründen und Gefühlen klarkommen. Damit einigermaßen Ordnung herrschte, wurden strenge Regeln durchgesetzt, und es gab einen festen Tagesablauf.

Wir durften morgens zum Beispiel nicht aufstehen, bis eine Glocke läutete. Wir durften uns hinsetzen, uns unterhalten, unsere

Beine über die Bettkante baumeln lassen – aber wir durften auf keinen Fall einen Fuß auf den Boden setzen. Wenn Nola an unserem Zimmer vorbeilief und auch nur einen Zeh auf dem Boden sah, bekamen wir Schwierigkeiten.

Die Glocke läutete um exakt sieben Uhr. Wir sprangen alle gleichzeitig auf, machten unsere Betten, wie Nola es uns beigebracht hatte, und rannten ins Badezimmer, wo die meisten erst einmal zappelnd vor den wenigen Klos warten mussten. Wir putzten uns die Zähne, wuschen uns die Gesichter – zu zweit oder zu mehreren am Waschbecken – und zogen uns dann eilig an. Es war eine wilde Szene, wenn acht bis sechszehn Jungen gleichzeitig in den Umkleideraum stürmten und ihre Mühe hatten, die Sachen anzuziehen, die Nola schon vor jeden Spind gelegt hatte.

Unsere Spinde hatten keine Türen, nur hölzerne Seitenwände, die in die Wand eingebaut und in einer Farbe gestrichen waren, die mich an Erbsensuppe erinnerte. Sie waren so breit und tief, dass wir hineinklettern und uns hinter der Kleidung verstecken konnten. Unter dem Spind war noch Platz für ein oder zwei Paar Schuhe. Da viele Kinder nur mit den Sachen, die sie am Leib trugen, zu uns kamen, hing nur wenig eigene Kleidung darin.

Wir hatten fast nur gebrauchte Kleidung, manchmal bekamen wir Geschenke von Bekleidungsgeschäften oder Kirchengruppen. Die Hosen passten uns nur selten, also trugen wir meistens Hosenträger. Zu lange Hosenbeine krempelte Nola einfach hoch.

Wenn wir morgens endlich angezogen waren, stellten wir uns mit Schubsen und Drängeln, wie eine bunt zusammengewürfelte Armee in einer Reihe hinter Nola auf und marschierten die Treppe hinunter in den Speisesaal zum Frühstück – das gab es immer um halb acht. Das Essen im Kinderheim war eine reine Pflichtveranstaltung. Die meisten schaufelten das Essen schnell in sich hinein. Aus Gründen, die uns nie erklärt wurden, mussten wir aber mindestens zehn Minuten lang am Tisch sitzen bleiben.

Nach dem Frühstück wurden die Highschool-Schüler in einem hässlichen gelben Bus mit dem peinlichen Schriftzug COVENANT CHILDREN'S HOME (*Covenant*-Kinderheim) an der Seite nach Princeton gefahren. Die Grundschule lag nur zwei Straßen weiter und die jüngeren Kinder wurden zu Fuß hin- und zurückgebracht.

Ich war das jüngste Kind, das seit Langem aufgenommen worden war, und daher meist der Einzige, der noch nicht zur Schule ging.

Ich fand es herrlich, Nola für mich allein zu haben. Wie ein hüpfendes blondes Hündchen folgte ich ihr überall hin und half ihr, schmutzige Kleidung für die Wäscherei zu sortieren. Sie steckte einige Kleidungsstücke in einen Kissenbezug und ich trug oder zog ihn dann stolz die Treppe hinunter, zur Tür hinaus, über den Basketballplatz und eine weitere Treppe hinauf zur Wäscherei mit den großen Waschmaschinen und Trocknern.

Dort setzte mich Nola auf einen Tisch, wo ich zusehen konnte, wie das Wäschereipersonal Kleidung und Bettwäsche für die sechzig Kinder und Angestellten wusch. Frauen aus der *Covenant*-Kirche arbeiteten hier ehrenamtlich; sie nannten sich selbst die »Covy«- Frauen. Ich sah zu, wie sie mit beiden Armen heiße Kleidung und Bettwäsche aus den Trocknern zogen und dann Wäschekörbe auf Rädern beluden und sie zu langen Tischen fuhren, wo alles sortiert und zusammengelegt wurde.

Die Gruppenleiter kümmerten sich sonst nicht um die Wäsche, aber Nola bestand darauf, unsere Sonntagshemden zu bügeln. Wenn andere Mitarbeiter fragten, warum Nola das nicht eine »Wäschedame« tun ließ, antwortete sie schlicht: »Es macht mir nichts aus. Einige der Jungen sind allergisch gegen Stärke und andere mögen viel davon, also gebe ich jedem, was er mag. Es ist kein Aufwand, und sie brauchen ein paar Besonderheiten in ihrem kleinen Leben.«

Wenn die Wäschedamen gute Laune hatten und die meiste Arbeit getan war, wartete ich, bis Nola nicht hinsah – und tauchte dann kopfüber in einen Korb mit frischer, warmer Bettwäsche.

»Wo bist du, Robby?«, fragte sie dann mit gespielter Verwunderung. »Wo bist du hin? Ach, Menschenskind, wo ist dieser Junge bloß hin?« Sie wühlte aus Show in der Bettwäsche und der ganze

Berg wackelte, wenn ich versuchte, mein Kichern zu unterdrücken.

Schließlich packte sie mich an den Knöcheln und zog mich kopfüber hinaus. Dabei quietschte ich wie ein glückliches Ferkel. »Da bist du ja, kleiner Mann«, rief sie vergnügt. »Ich dachte schon, ich finde dich nie!«

Wenn die anderen Jungen aus der Schule kamen, gehörte Nola mir nicht länger allein. Sie polterten herein, ließen ihre Bücher fallen und setzten sich mit Keksen und Saft an den Tisch. Während Nola Schulaufgaben und Mitteilungen von den Lehrern kontrollierte, spielten die Jungen oder machten ihre Aufgaben. Meist tadelte sie ein oder zwei Kinder, die sich mit einem Lehrer angelegt oder sich auf dem Schulhof geprügelt hatten.

Um siebzehn Uhr wuschen wir uns Gesicht und Hände und marschierten wieder in den Speisesaal. Ungefähr sechzig Kinder und sechs Erwachsene standen auf den schwarzen und roten Linoleumquadraten und beteten vor jeder Mahlzeit: »Alle guten Gaben und alles, was wir haben, kommt, o Gott, von dir, wir danken dir dafür. Amen.« Unser Singsang verriet, wie oft wir diesen Satz schon gesprochen hatten.

Darauf folgten Lärm und Durcheinander. Jungen stießen sich gegenseitig in die Rippen oder schnitten den Mädchen Grimassen. Ich schaffte es gerade, meinen schweren Eichenstuhl so weit vom Tisch zurückzuschieben, dass ich hinaufklettern konnte, aber weil ich zu klein war, um meinen Stuhl an den Tisch heranzurücken, musste ich frustriert und beschämt warten, bis Nola herüberkam. Ich konnte es kaum erwarten, bis ich groß genug war, um meinen Stuhl selbst heranrücken zu können – oder, besser noch, um wie die großen Jungen ein Bein über die Stuhllehne zu schwingen und mich fallen zu lassen wie ein Cowboy, der aufs Pferd steigt.

Nach dem Abendessen setzte sich die Routine fort. Die älteren Jungen erledigten in ihren Zimmern ihre Hausaufgaben, während Nola uns Jüngere bettfertig machte. Mittwoch- und samstagabends mussten wir baden. Wir murrten; zweimal in der Woche war uns mindestens einmal zu viel.

Im Speisesaal des Heims; Robby sitzt vorne rechts.

Aber Meckern half nicht, Nola blieb hart. Es gab nur zwei Wannen und sie versuchte, sechs von uns sauber zu bekommen, bevor sie das Wasser wechselte. Das hieß, dass immer zwei von uns in eine Wanne kamen. Das erste Paar wurde sauber, das zweite Paar wurde ein bisschen Schmutz los und das dritte Paar hatte einfach seinen Spaß.

Spätestens um neunzehn Uhr steckten wir in unseren Schlafanzügen und Nola sammelte uns im Wohnzimmer um sich wie eine Henne ihre Küken. Es war Zeit für die biblische Geschichte.

Nola setzte sich mitten auf die schwere Eichencouch in der Ecke, legte den Arm um mich und die Jüngsten setzten sich neben sie. Die Älteren setzten sich im Schneidersitz auf den Boden oder streckten sich auf dem Bauch aus. Nola verlangte ungeteilte Aufmerksamkeit – niemand durfte reden oder andere ablenken. Ich wusste nicht viel von der Bibel, aber ich wusste, dass dies eine besondere Zeit war.

Dann ging es ab ins Bett. Nola kniete sich an jedes Bett, flüsterte ein Gebet, das nur der jeweilige Junge hören konnte, gab ihm einen Gutenachtkuss und sagte ihm, dass sie ihn lieb hatte.

Als ich einmal aufwachte und über den Flur zur Toilette tappte, stand die Tür zu Nolas kleinem Zimmer offen. Ich hörte undeutlich, wie sie betete. Dabei nannte sie die Namen von verschiedenen Jungen. Als ich zurücktappte, rief sie: »Spül die Toilette, Robby!« Ich habe nie kapiert, wie sie jeden von uns am Gang erkennen konnte.

Als ich zum zweiten Mal an ihrer Tür vorbeikam, blieb ich stehen und klopfte an.

Nola öffnete in ihrem schlichten rosafarbenen Bademantel die Tür. »Ja?«, fragte sie.

»Wofür betest'n du?«, fragte ich. »Dass wir uns benehmen?«

»Nein, Robby«, antwortete sie ernst. »Ich bete darum, dass Gott mir hilft, an jedem von euch etwas zum Liebhaben zu sehen.«

Ich wusste nicht, was ich dazu sagen sollte. Bevor mir eine Antwort einfiel, hob sie mich hoch und drückte mich fest. Als sie mich zurück ins Bett trug, flüsterte sie mir grinsend ins Ohr: »Aber *du* könntest ein *extra* Gebet brauchen, damit du dich benimmst!«

Als es wieder Winter wurde, setzte Gigi ihre wöchentlichen Besuche fort. An Nolas fürsorglicher Aufmerksamkeit mangelte es nie. Aber die Einsamkeit blieb.

Ich wusste wenig über »normale« Kinder, aber ich sehnte mich danach, das Kinderheim verlassen zu dürfen und ein eigenes Zuhause und eine eigene Familie zu haben.

Aus einem Jahr wurden zwei. Noch immer hörte ich nichts von Mutter; inzwischen war sie kaum mehr als eine Erinnerung. Doch dann veränderte sich die Lage plötzlich. Die Frau, die mich bei Fremden gelassen hatte, war wieder da und brachte wirbelsturmartig Chaos in mein Leben.

3 Wie ein Wirbelsturm

Beinahe zwei Jahre waren vergangen, seit meine Mutter mich verlassen hatte. Ich war fünf. Eines Tages brachte mich Nola ohne Erklärung hinunter ins Besucherzimmer. Dort stand meine Mutter.

Ich rannte zu ihr und schlang die Arme um ihr Bein. *Ich gehe nach Hause*, sagte ich mir. *Mami ist aus dem Krankenhaus zurück und ist hier, um mich nach Hause zu holen. Ich gehe nach Hause!*

»Hallo Robby«, sagte sie ungerührt. »Wie geht es dir?«

Ich wusste nicht, was ich darauf antworten sollte.

Sie kniete sich nicht hin und umarmte mich wie Gigi, also packte ich sie bei der Hand. »Komm mit zum Spielplatz wie Gigi, Mami. Ich zeig dir alle Kunststücke, die ich auf der Schaukel und am Klettergerüst gelernt habe.«

»Das ist nicht wichtig, Robby!«, sagte sie kalt. »Wir haben Wichtigeres, über das wir reden müssen.«

Ich fühlte mich wie ein Hündchen, dem man gerade einen Tritt versetzt hatte. Ich ließ ihre Hand los und den Kopf hängen und schwieg.

»Wir gehen in der Stadt mittagessen«, erklärte meine Mutter. Sie packte mich an der Hand und ging zur Tür. Weil ich nicht so schnell laufen konnte wie sie, zerrte sie mich vorwärts.

Wir verließen das Gelände und unterwegs redete sie ununterbrochen von Dingen, die ich nicht verstand. »Zu viele Einwanderer hier. Man sollte die Schwarzen zurück in die Südstaaten schicken. Soll doch deine Hexe von Großmutter Pauline in Atlanta mit ihnen fertigwerden. Sie hat mein Leben zerstört, weil sie deinen Vater verkorkst hat. Sie hat ihm nie die Freiheit gegeben, die er brauchte, und er war nicht Manns genug, sich gegen sie durchzusetzen!«

Wir blieben nicht stehen, bis sie ein Restaurant fand, in dem es Bier gab. Leute rauchten und spielten Billard.

Als wir nach Qualm stinkend zurückkamen, waren die schwedischen Christen, die das Kinderheim leiteten, nicht glücklich. Nola sprach mit ruhiger Stimme, war aber eindeutig verärgert. Mit zusammengebissenen Zähnen sagte sie: »Dieses Restaurant ist nichts für ein kleines Kind, Mrs Mitchell. Bitte besuchen Sie in Zukunft das neben dem Gelände. Es ist sehr schön und familienfreundlich. Oder essen Sie mit uns im Speisesaal.«

»Ich bin seine Mutter, und ich weiß, was am besten für ihn ist«, fauchte Mutter zurück. Dann ratterte sie eine Liste mit Forderungen herunter: »Geben Sie ihm besondere Kopfkissen. Keine Wolldecken. Geben Sie ihm das zu essen, was ich auf diesem Zettel aufgeschrieben habe.«

Nola schüttelte den Kopf, nickte dann und hörte sich alles schweigend an.

»Wenn er in die Vorschule kommt, fahren Sie ihn zur Schule und holen ihn auch wieder ab. Kein Sport.« Sie griff in ihre Manteltasche und zog ein weiteres Blatt Papier hervor. »Und hier sind ein paar Bibelverse, die er auswendig lernen soll, bis ich wiederkomme.«

Wann gehen wir nach Hause?, dachte ich. *Hör auf, mit Nola zu reden. Gehen wir. Wir können den Zug nehmen, den Gigi immer nimmt.*

Aber Mutter drehte sich ohne Vorwarnung zu mir um und verkündete: »Ich muss los.« Ohne Umarmung oder Kuss machte sie kehrt, verließ mit großen Schritten das Gelände und steuerte auf den Bahnhof zu.

Du gehst ohne mich? Schon wieder?! Mir fehlten die Worte, aber ich konnte auch nicht weinen. Erschüttert schaute ich hinauf zu Nola. Sanft nahm sie meine Hand und wir gingen wortlos zurück ins Kinderheim.

Tagelang sprach und spielte ich nicht. In einem abgelegenen Teil des Spielplatzes starrte ich ins Leere und fragte mich, wie lange meine Mutter sich so benehmen würde. Die anderen Kinder behelligten mich nicht. Wir Heimkinder spürten, wenn jemand seine Ruhe brauchte.

Es war nicht das letzte Mal, dass Mutter überraschend auftauchte. In den folgenden Jahren wiederholte sich diese Szene immer wieder. Ihre unberechenbaren Besuche ähnelten Wirbelstürmen. Da sie nie vorher anrief, dauerte es manchmal eine Weile, bis Nola mich in den Besucherraum bringen konnte. Wenn wir eintrafen, beschimpfte sie Nola lautstark und warf ihr und dem Rest des Heimpersonals vor, sie würden ihren Sohn vor seiner Mutter verstecken.

Mein Herz zog sich bei diesen Wutanfällen zusammen und meine Mutter ignorierte mich. Dann zerrte sie mich immer zum Mittagessen in derselben Billardhalle und hielt mir die immer selben Vorträge. Und jedes Mal ließ sie mich am Ende im Heim zurück.

Vielleicht wird es dieses Mal anders, sagte ich mir immer. *Vielleicht wird sie dieses Mal nicht wütend und schreit Nola an. Vielleicht hat sie jetzt eine gute Arbeitsstelle, sodass sie mich mit nach Hause nehmen kann. Vielleicht können wir wieder eine Familie sein.*

Aber bei jedem Besuch wurde ich enttäuscht. Tagelang versuchte ich dann, mit dem Schmerz fertigzuwerden.

Der Sozialarbeiter vom Kinderheim verbrachte jetzt mehr Zeit mit mir. Er versuchte, mich dazu zu bringen, dass ich ihm oder Nola erzählte, was ich dachte und fühlte. Ich konnte nur sagen: »Mein Herz tut weh. Es tut sehr weh.«

Bald hörte ich auf, meine Mutter »Mami« zu nennen. Das war nicht einfach. Ich wollte, dass diese Frau mich liebte. Aber »Mami« nennt man eine Frau, die einen abends ins Bett bringt, die einen beschützt und gut für einen sorgt. Mami ist eine Frau, auf die man stolz ist. Meine Mutter war nie eine Mami für mich.

»Warum ist sie nicht wie andere Mütter?«, fragte ich Nola manchmal. »Warum schreit sie und schimpft mit dir? Das ist nicht nett!«

Nola sagte nur wenig, aber ich fragte trotzdem weiter. »Warum riecht sie so schlecht? Muss ich mit ihr zum Mittagessen? Sie raucht Zigaretten, trinkt Kaffee und redet immer über Sachen, die ich nicht verstehe.«

Nola hörte zu und nickte. Bei ihr konnte ich alles loswerden.

»Sie schaut nicht zu, wenn ich spiele, wie du und Gigi. Mag sie mich nicht?«

Wenn Nola den Eindruck hatte, dass ich genug Dampf abgelassen hatte, sagte sie immer leise: »Sie ist krank, Robby. Es ist nicht deine Schuld, dass du hier leben musst. Das Problem liegt nicht bei dir.«

»Krank? Was hat sie denn? Warum können die Ärzte sie nicht gesund machen? Was stimmt nicht mit ihr?«

Auch diese Frage beantwortete Nola nie. Aber manchmal kniete sie sich hin, zog mich in ihre Arme und hielt mich fest. »Du bist hier sicher, Robby«, flüsterte sie dann. »Denk dran, dass ich dich lieb habe, und Gott liebt dich auch.«

Ich vergrub mein Gesicht an ihrer Schulter und kuschelte mich in die Sicherheit, die ihre Arme boten. Dabei fragte ich mich: *Warum macht Gott meine Mutter nicht mehr wie Nola?*

4 Anders

Als ich in die Vorschule kam, musste ich Nolas Nest morgens immer einige Stunden verlassen. Zwei Straßen weiter zur Grundschule zu gehen, war eine wichtige Sache für mich. Ich fühlte mich schon richtig groß.

Meine Klassenkameraden waren sehr nett und jedes Mal, wenn Gigi zu Besuch kam, hatte ich viel zu erzählen und zeigte ihr all meine Arbeiten. Abends gab mir Nola sogar »Scheinhausaufgaben«, damit ich mich wie einer von den Großen fühlen konnte. Aber als ich in die erste Klasse kam, wurde alles schlagartig anders.

Mir war nicht klar gewesen, dass es jemandem etwas ausmachte, dass ich aus dem Kinderheim kam. Aber dann sah ich, wie einige ältere Jungen ein anderes Kind aus dem Heim einkreisten und hänselten. Der Junge weinte. Die gemeinen Jungen lachten. Ich starrte sie an.

Die Schulhoftyrannen wussten genau, was sie sagen mussten, damit wir Heimkinder weinten oder zurückschlugen. Wir waren leichte Beute.

Schließlich kam auch ich an die Reihe. Sie trafen meinen wunden Punkt: »Was stimmt nicht mit dir, Robby? Warum hast du keine Eltern?«

»Ich habe sehr wohl Eltern«, protestierte ich. »Sie können nur gerade nicht für mich sorgen. Aber bald werden wir wieder eine Familie sein.«

»Ja, klar! Du bist doch dumm oder lügst. Deine Leute wollen dich bloß nicht.«

Als das zum ersten Mal passierte, brach ich in Tränen aus. Die Rowdys lachten. Die anderen Kinder schwiegen. Als ich mich an jenem Abend bei Nola ausheulte, sagte sie: »Du darfst dir nicht anmerken lassen, dass dich das stört, Robby. Sag einfach ›Stock und Stein brechen mein Gebein, doch Worte bringen keine Pein‹ und dann gehst du weg.«

Das klang gut – bis ich es ein paar Mal ausprobierte. Durch das Gelächter der Rowdys fühlte ich mich nur noch schlechter. Mit Stock und Stein wäre ich besser zurechtgekommen.

Woche für Woche vergrößerten die Hänseleien meinen Schmerz, und als ich in der zweiten Klasse war, hatte ich plötzlich genug. Es ging blitzschnell und überraschte mich fast ebenso sehr wie meinen Gegner. Kaum hatte er die Worte ausgesprochen, da flogen auch schon meine Fäuste. Es war ein gutes Gefühl, ihn grün und blau zu prügeln.

Prügeleien waren nichts Neues für mich. Die älteren Jungen im Kinderheim hatten mich gut trainiert – zu gut. Ich wusste, wo ich zuschlagen musste, ohne verräterische Blutergüsse und Beulen zu hinterlassen, wusste, dass man nur in die Rippen und auf den Schädel boxen muss, um Schmerzen zu verursachen, die nicht so schnell abklingen.

Meine aggressiven Reaktionen beendeten die Hänseleien. Aber manchmal brachte mich trotzdem jemand zum Explodieren und ich wurde zum Direktor gerufen. Wenn ich in sein Büro kam, fragte er mich immer mit gerunzelter Stirn: »Was ist nur los mit dir, Junge?«

Was mit mir los ist? Was ist mit Ihnen los, Herr Direktor? Es liegt nicht an mir; der andere hat angefangen! Ich wusste nicht, dass irgendwas mit mir los ist, bis ich hierherkam!

Wenn der Mann diese Frage stellte, wollte ich ihn am liebsten schlagen. Ich hatte keine Antwort. Ich wartete resigniert auf meine Strafe. Falls er ein Zeichen meines Bedauerns sehen wollte, wartete er vergeblich.

Ein Sozialarbeiter im Kinderheim redete jede Woche mit mir darüber und wollte mir helfen, mich in der Schule nicht ausgeschlossen zu fühlen. Doch egal, wie oft er und Nola mir sagten, dass es nicht an mir lag, ich konnte es nicht glauben.

Mir passieren immer schlimme Sachen und ich weiß nicht, warum, dachte ich. *Keiner will mich – nicht einmal die anderen Kinder. Egal, was Nola sagt, mit mir muss irgendwas nicht stimmen! Ich wünschte, jemand würde mir sagen, was ich falsch gemacht habe. Warum hat meine Mutter mich weggeschickt? Warum bin ich so allein?*

Mitten in der Gruppe aus sechzig Kindern fühlte ich mich innerlich unglaublich allein. Kein Vater brachte mir »Männersachen« bei. Kein großer Bruder beschützte mich vor den Teenagern, die uns Jüngeren mit den Fingerknöcheln auf den Kopf trommelten. Keine Mutter wollte meine Schmerzen wegküssen und mich abends ins Bett bringen.

Es muss meine Schuld sein. Irgendetwas war mit mir nicht in Ordnung. *Es muss wohl zu schwer sein, mit mir zu leben.* Die Schwierigkeiten, in die ich geriet, bestätigten diese Gefühle. *Ich muss das schwarze Schaf in unserer Familie sein.*

Ich war nicht das einzige Kind im Heim, das so empfand. Ich beobachtete die anderen und erkannte langsam, dass jeder von uns unbedingt glauben wollte, die besten Eltern der Welt zu haben. Abgesehen von den Kindern, die schwer misshandelt worden waren, weigerten sich alle zuzugeben, dass ihre Eltern das Problem waren.

Für uns war es leichter, wenn alles unsere Schuld war. Wenn das Problem bei uns lag, konnten wir uns anstrengen, gut zu sein und uns zu ändern. Dann würden unsere Eltern uns wieder nach Hause holen wollen.

Die Sozialarbeiter versuchten uns behutsam an den Gedanken zu gewöhnen, dass unsere Eltern das Problem waren. Doch wenn das stimmte, konnte es sehr lange dauern, bis es ihnen besser ging und wir nach Hause kommen konnten. Wenn unseren Eltern nicht geholfen werden konnte, würden wir das Heim nie verlassen.

Es war nicht so, dass wir das Kinderheim hassten. Die meisten wurden dort besser versorgt als von den eigenen Eltern. Aber schon mit sieben Jahren konnte ich sehen, dass Kinder lieber arm waren, wenn sie nur geliebt wurden, lieber zerrissene Kleidung trugen, wenn man sich nur um sie kümmerte, und draußen schliefen, wenn sie nur jemand wollte. Wir waren bereit, viel zu erleiden, wenn wir nur zu unseren eigenen Familien gehören durften.

Es waren Kinder im Heim, die aus einer elfköpfigen Familie kamen. Ihr Vater arbeitete nur in Teilzeitjobs und sie wohnten in einer Behelfsunterkunft in der Nähe der Mülldeponie. Die Kinder hungerten, trugen schmutzige Kleidung und sahen aus, als hätten sie nie gebadet. Der Vater wurde von anderen Penner genannt. Körperlich ging es ihnen im Kinderheim besser, aber zumindest in den ersten Jahren sehnten sie sich nach der armseligen Hütte ihrer Familie.

Ein Mädchen kam ins Heim, nachdem seine Mutter an Krebs gestorben war. Der Vater konnte den Tod seiner Frau nicht verkraften und kam mit seinem einzigen Kind nicht zurecht. Trotz der Ablehnung durch den Vater hoffte das Mädchen immer noch, zu ihm und an den Ort, den es als Zuhause ansah, zurückkehren zu können.

Bei einem Jungen im Heim arbeitete das Gehirn offenbar nicht so schnell wie bei anderen. Sein Vater prügelte ihn regelmäßig, weil er »dumm« war, während seine Mutter ihn ignorierte und sich auf ihre »normalen« Kinder konzentrierte. Jahrelang wollte dieser Junge nach Hause und hoffte verzweifelt, dass sich die Lage ändern und seine Familie ihn akzeptieren würde.

Wir alle wollten es glauben. Wir alle wollten denken, dass wir bald unseren Traum leben konnten, in ein Zuhause zu gehen, wo wir gewollt und geliebt waren.

Die älteren Kinder schienen diesen Traum schließlich aufzugeben, aber wir Jüngeren glaubten, der dunkle Schatten der Einsamkeit würde verschwinden, wenn wir nur irgendwie wieder nach Hause kommen könnten. Im Bett, wenn das Licht aus war, ließ ich den Tränen oft stumm freien Lauf.

Wenn das passierte, sagte ich mir, dass irgendwie, irgendwann, auf irgendeine geheimnisvolle Weise alles besser und ich gerettet werden würde. Allein diese Hoffnung verhinderte, dass mich die Verzweiflung in ihre dunkle Grube zog.

Das – und Gigi. Sie war ein Segen, den viele andere Kinder im Heim nicht hatten. Ich freute mich auf ihre Besuche, die mir immer das Herz wärmten.

Zu Weihnachten und manchmal auch zum Erntedankfest durfte ich Gigi zu Hause besuchen. Einmal lernte ich ihre Nichte Fran und ihre Söhne Paul und Art kennen. Sie waren nett und luden mich zu sich ein.

Ich war so glücklich, dass meine Gedanken sich überschlugen. *Vielleicht kann ich bei ihnen wohnen!*

Kaum war der Gedanke in meinem Gehirn aufgetaucht, da platzte ich auch schon heraus: »Darf ich vielleicht bei euch wohnen? Ich bin gut in der Schule und kann auch Hausarbeiten erledigen. Ich werde eine große Hilfe sein, wenn ihr mich zu euch kommen lasst.«

Gigi war erschrocken, doch Fran reagierte verständnisvoll. »Es tut mir sehr leid, Robby. Aber ich bin fast siebzig – zu alt, um für dich zu sorgen. Art ist alleinstehend und beruflich viel unterwegs. Paul hat bereits vier Töchter. So gerne wir auch helfen möchten, wir können dich nicht zu uns nehmen.«

Ich konnte spüren, dass sie und ihre Familie mich mochten. Aber es kam mir vor, als wäre gerade wieder einmal eine Tür vor meiner Nase zugeschlagen.

Keiner schien zu verstehen, dass mich eine Frage quälte: *Warum? Warum ist kein Familienmitglied bereit, mich zu sich zu holen und aufzuziehen?*

Ich kämpfte darum, die Hoffnung nicht aufzugeben. Aber als ich sieben Jahre alt war, verlor ich diesen Kampf.

Es war Winter, die Felder lagen kahl und öde da. Maisstängel und Sojapflanzen waren untergepflügt worden. Dreckiger Schnee bedeckte das tote Gras; die Bäume, von denen alle Blätter abgefallen waren, knarrten im schneidenden Wind.

Nola hatte uns ins Bett gebracht und uns mit unseren Gedanken allein gelassen. Unheimliche Schatten vom Nachtlicht der Toilette und des roten Notausgang-Schildes glitten über die Wände des Schlafsaals. In meinen vier Jahren im Kinderheim hatte ich in solchen Nächten schon oft schlecht geträumt.

In dieser Nacht musste ich mir endlich die Wahrheit eingestehen: Mein Vater würde nicht gesund werden. Meine Mutter würde nie wie andere Mütter sein. Ich würde niemals bei Gigi oder ihren Verwandten leben können. Niemand würde mich retten.

Die Realität schien mich zu erdrücken. Ein Schluchzen drang aus einer wunden Stelle in meinem Innern, von der ich geglaubt hatte, sie wäre gut geschützt. Ich hatte dieses gequälte Weinen schon bei anderen gehört, wenn sie die Hoffnung verloren hatten, aber bislang hatte ich den Sturz in die Verzweiflung vermeiden können. – Bis zu jener Nacht. Jetzt übermannte mich eine Trauer, die zu groß war für Worte.

»Halt die Klappe!«, schnauzten mich die anderen Jungen im Schlafsaal an. Meine hervorsprudelnden Gefühle bedrohten die Schutzwälle, die sie um ihr eigenes verwundetes Ich gezogen hatten.

Nola kam und nahm mich in die Arme. Aber sie konnte nicht lange bleiben. Bald musste sie sich um ein jüngeres Kind kümmern.

Ich weinte, bis keine Träne mehr übrig war. Erschöpft vor Trauer dachte ich in jener Nacht noch lange nach.

Niemand wird mich retten. Niemand wird mich jemals retten.

Ich bin allein und ich weiß nicht, warum. Was habe ich falsch gemacht? Ich war erst drei Jahre alt, als sie mich hiergelassen hat. Was hatte ich denn überhaupt machen können, womit ich das hier verdient habe?

Ich verstehe das alles nicht und ich kann nicht flüchten. Ich sitze für immer hier fest – ich bin hier, ob es mir gefällt oder nicht.

In jener kalten Winternacht verhärtete sich mein Herz.

Nichts und niemand wird mir je wieder so wehtun. Die großen Jungen können mich prügeln, bis ich vor Schmerzen weine, aber niemand wird mich je wieder so aus dem Herzen heraus zum Weinen bringen. Niemand! Ich werde stark sein – egal, was passiert!

Es war nur der Schwur eines kleinen Jungen. Aber es war alles, womit ich mich vor dem handfesten Albtraum schützen konnte, der schon hinter der nächsten Ecke lauerte.

5 Entführt

19. Januar 1963, 20.15 Uhr. Den Aufzeichnungen des Sozialarbeiters zufolge tauchte meine Mutter unerwartet im Kinderheim auf und verlangte, mich zu sehen. Sie würde mich mitnehmen, sagte sie zu Nola. Da meine Mutter das Sorgerecht hatte, konnte keiner sie aufhalten.

»Mrs Mitchell, für unsere Achtjährigen ist jetzt Schlafenszeit – und es ist heute Abend gefährlich kalt«, sagte Nola ernst. »Wann können wir Robby zurückerwarten?«

Meine Mutter lachte höhnisch, fluchte über Nola und zerrte mich davon.

Ängstlich und verwirrt schaute ich Hilfe suchend zu Nola. Sie ähnelte einer wütenden, bebenden Wölfin, die an ihrer Kette zerrt.

Meine Mutter war außer sich, als wir in die Stadt liefen. Sie schimpfte und fluchte leidenschaftlicher als je zuvor, grinste aber, als würde sie irgendein Spiel spielen. Sie riss mich oft weiter, weil ich nicht so schnell lief wie sie. Mir war kalt, aber ich wagte nicht, mich zu beschweren.

Wie gewöhnlich schwadronierte sie über meine Großmütter, das Kinderheim, die Bibel, die Schwarzen und Einwanderer. Doch dann sagte sie etwas Neues: »Ich werde es ihnen zeigen, Robby! Ich werde es ihnen allen zeigen! Sie werden sehen, dass ich eine gute Mutter sein kann. Bald wird unsere Familie wieder zusammen sein!«

Zuhause? Gehe ich endlich nach Hause? Ich war klug genug, diese Frage nicht laut zu stellen. Wie ein ängstliches Hündchen sah ich nur zu und wartete ab.

Wir gingen an jenem Abend nicht ins Kinderheim zurück. Stattdessen schlich sich Mutter mit mir in das kleine Bahnhofsgebäude von Princeton, wo wir auf den kalten Holzbänken schliefen.

Am nächsten Morgen nahmen wir den ersten Zug nach Chicago. Als ich ihr sagte, dass ich keine Wechselkleidung hatte, sagte sie: »Mach dir keine Sorgen, Robby. Ich habe für alles gesorgt.«

Als wir in Chicago ankamen, gingen wir geradewegs zu dem weltberühmten *Palmer House Hotel*. Der Sprung von den Eisenbetten im Kinderheim zu funkelnden Leuchtern, geräumigen Zimmern und elegant gekleideten Hotelpagen kam mir vor wie ein Traum. Es war schöner, als ich es mir je hätte vorstellen können.

Meine Mutter zog ein Bündel Geldscheine aus ihrer ungewöhnlich großen Brieftasche. »Endlich habe ich bekommen, was sie mir geschuldet haben«, sagte sie und stopfte die Banknoten in eine Kommodenschublade. »Mein Vater und seine Schwester sind ums Leben gekommen, als ihr Wagen von einem Zug erfasst wurde. Ich habe zehntausend Dollar aus seiner Lebensversicherung bekommen. Ist das nicht toll?«

Ich wusste nicht, was ich darauf antworten sollte.

»Diese Schublade ist deine«, verkündete sie stolz. »Schau mal, was ich dir gekauft habe.«

Comics! Die Schublade war voll davon. Mutter hatte mich oft gewarnt, dass Comics schlecht waren; jetzt lachte sie, als sie mein verstörtes Gesicht sah. Später in der Woche hielt sie mir wieder einen Vortrag darüber, wie schlecht Comics waren – und ging dann los und kaufte mir noch weitere.

Einige Wochen lang war das Leben ein wahr gewordener Traum. Wir bestellten Essen beim Zimmerservice, kauften in schicken Warenhäusern ein, schauten einen Kinofilm nach dem anderen.

Die Hasstiraden allerdings setzten sich fort. Mutter wetterte darüber, dass Großmutter Pauline, die Mutter meines Vaters, uns diese Art Lebensstil vorenthalten hatte. Ich wusste nicht warum, aber es schien, dass all unsere Probleme von meinen Großmüttern verursacht worden waren. Trotzdem war ich mir sicher, dass Gigi nicht der Ursprung meiner Probleme war.

Dann warf Mutter eines Tages plötzlich unsere Sachen in eine Tasche und riss mich aus meiner *Palmer-House*-Traumwelt.

Ich wurde in eine winzige, schmutzige Wohnung gezerrt. Sie lag auf der Rückseite eines mehrgeschossigen Hauses, hatte düstere Flure und ebenso zwielichtige Bewohner. Auf der Rückseite führten die Schienen der Hochbahn vorbei und das ganze Haus bebte, wenn die Züge Tag und Nacht vorbeidonnerten.

Weil ich mir sicher war, dass das uralte Gebäude bald zusammenfallen würde, schlief ich schlecht. Mutter schlief betrunken.

Die Wohnung hatte ein kleines Badezimmer, einen Wohnbereich und eine winzige Küchenecke. Das Bett, in dem Mutter und ich schliefen, ließ sich aus einer anderen Wand ausklappen. Wir hatten einen Tisch und ein Sofa, aber keinen Fernseher und kein Radio.

Unsere Mahlzeiten weckten den Wunsch, ich wäre wieder im Kinderheim. Der Reiz, zum Frühstück und manchmal zum Mittagessen Donuts zu essen, ließ rasch nach. Manchmal ließ meine Mutter ein Fertiggericht völlig verkochen und schleuderte es dann auf den Tisch.

Wenn ich zögerte zu essen, schrie sie mich an, ich würde ihre Kochkünste nicht würdigen, und behauptete, das Essen sei völlig in Ordnung. Aus Hunger spülte ich die verbrannten grünen Bohnen, den knochentrockenen Kartoffelbrei und den harten Hackbraten irgendwie mit lauwarmem Leitungswasser hinunter.

Wenn meine Mutter getrunken hatte, schlief sie oft mitten am Tag ein und wachte dann stundenlang nicht mehr auf. Ich erinnere mich, dass ich mehrmals versuchte, sie wach zu rütteln, aber sie rührte sich nicht. Alles fühlte sich dunkel, laut, absurd und einsam an. Meine Unterhaltung bestand aus Comics, Fantasiespielen und der Beobachtung von Spinnen und Kakerlaken, die über Wände und Böden krochen.

Es war nicht schön, wenn meine Mutter schlief, noch schlimmer war es, wenn sie wach war. Meistens hielt sie mir dann Vorträge. Ich hörte ihre Stimme, aber keine Worte. Was sie sagte, war hasserfüllt und gemein, sie fluchte und warf Töpfe und Pfannen herum. Ich war immer überrascht, wenn nichts kaputtging.

Ganz oben auf ihrer Hassliste stand der Staat. Sie war der Ansicht, dass die Regierung ihr nicht genug Unterstützung oder Sozialhilfe gab. Eines Abends stellte ich ihr eine Frage, die sich um Geld und meinen Vater drehte: »Wann geht es Papa wieder so gut, dass er arbeiten und für uns sorgen kann?«

Bisher hatte mir niemand richtig erklärt, warum mein Vater »zu krank war, um mich großzuziehen«. Das Äußerste, was jemand einmal gesagt hatte, war, dass er »sich das Gehirn verletzt« hatte und in einem weit entfernten Krankenhaus lag.

Erst war meine Mutter verblüfft, dann sackte sie in sich zusammen. Doch dann kehrte das Leben in sie zurück und die Traurigkeit auf ihrem Gesicht verwandelte sich in Zorn: »Dein Vater ist ein Waschlappen und Versager! Er hat uns erst verlassen und dann versucht, sich mit einer Knarre das Hirn wegzublasen. In letzter Minute hat er es sich wohl anders überlegt, denn nicht einmal das hat er hinbekommen! Er ist hirngeschädigt und wird nie wieder gesund werden!«

Nur langsam drang in mein Bewusstsein, was diese Enthüllung bedeutete. »Deswegen hat er uns nie angerufen oder geschrieben, Robby. Deswegen! Er kann es nicht. Wir werden erst im Himmel wieder eine Familie sein.«

Sie goss sich ein weiteres Glas billigen Wein ein. Ich fragte mich, ob sie plante, uns umzubringen, damit wir alle in den Himmel kommen und zusammen sein konnten.

Das also war mit meinem Vater passiert. *Er hat sich in den Kopf geschossen und versucht, sich umzubringen?* Und er würde nie wieder gesund werden. Die so vertraute schwere Stahltür schlug vor meiner Hoffnung, wieder eine Familie zu werden, zu.

Doch das Leben unter der »Fürsorge« meiner Mutter ging weiter. Ich fühlte mich entführt, auch wenn es offiziell nicht zutraf, weil sie das Sorgerecht hatte. Bei ihr klang es nach einem Machtspielchen. »Da habe ich es ihnen wohl gezeigt«, bellte sie, als sie meine Kinderheimkleidung in einem Fass in einer Seitengasse verbrannte. »Du bist mein Kind, das sollten sie sich hinter die Ohren schreiben!«

Ich wünschte allerdings, sie selbst würde es vergessen. Ich wollte zu Gigi und Nola und fragte mich, warum sie mich nicht retteten.

Später erfuhr ich, dass Gigi und die anderen Mitarbeiter in heller Panik waren. Sie hatten keine Ahnung, wo wir uns aufhielten und ob ich in Sicherheit oder überhaupt noch am Leben war.

Mehrere Wochen nach meiner Entführung rief Mutter Gigi von einer Telefonzelle aus an. Meine Großmutter bat wohl darum, mit mir zu sprechen; Mutter hielt das Telefon, sodass ich ein paar Worte sagen konnte. Dann zog sie den Hörer weg, brüllte: »Ich werd's euch allen zeigen!« und legte auf.

Beinahe zwei Monate lang folterte meine Mutter meine arme Großmutter. Sie sagte ihr zum Beispiel, wenn sie an einem bestimmten Abend um zwanzig Uhr zu Hause wäre, dann dürfte ich anrufen. Manchmal gingen wir dann tatsächlich zu einer Telefonzelle und riefen an, aber wenn meine Mutter miese Laune hatte, ließ sie es einfach ausfallen. Wenn wir einmal anriefen, riss sie mir nach ein oder zwei Minuten das Telefon aus der Hand und zischte: »Das reicht. Tschüss.« Wenn Gigi mir sagte, wie sehr sich alle Sorgen machten, wusste ich nicht, was ich darauf erwidern sollte.

Eines Abends erklärte meine Mutter sich einverstanden, dass ich bei Gigi Abendbrot essen durfte. Sie wollte nicht mit hinaufkommen oder mich übernachten lassen; sie fürchtete wohl, Gigi würde mich zurück ins Kinderheim bringen.

Es war ein Festmahl: Es gab Bostoner Schmorbraten, eines meiner Lieblingsgerichte, mit jeder Menge Beilagen. Meine Großmutter hatte für vier Personen gekocht, rührte aber selbst nichts an.

Ich sagte: »Oma, iss doch auch was. Es schmeckt toll!«

»Ich hab einfach keinen Hunger, Robby«, sagte sie seufzend.

Es kam mir nicht in den Sinn, diesen Besuch als Gelegenheit zur Flucht zu nutzen. Ich hatte beschlossen, das Leben so zu akzeptieren, wie es war. Mir war nicht klar, dass jemand aus dem Kinderheim mich abholen konnte, wenn ich verriet, wo wir waren. Gigi rief niemanden zu Hilfe; vielleicht hatte sie Angst vor meiner Mutter.

Aber sie stellte viele Fragen, wo und wie wir lebten. Ich konnte ihr nur sagen, dass unsere schäbige Wohnung einige Straßen von einem Kino entfernt an der Hochbahnhaltestelle in Richtung des Sees lag.

Das hatte ihr offenbar genügend Hinweise verschafft, damit die Behörden uns finden konnten. Einige Tage später klopfte es laut an unsere Wohnungstür. Ich wusste nicht, was ich machen sollte; es war das erste Mal, dass irgendjemand klopfte.

»Hier ist die Polizei!«, bellte eine Stimme, die klang, als gehörte sie einem Riesen. »Wir haben einen Haftbefehl. Machen Sie die Tür auf!«

Ich schüttelte meine betrunkene Mutter immer wieder, um sie aufzuwecken. Endlich stand sie von der Couch auf, fragte, wer da war, und öffnete die Tür. Der Polizist, der ihr Handschellen anlegte, sah riesig aus.

Als wir das schreckliche Gebäude verließen, dachte ich zuerst, der Polizist würde mich ebenfalls verhaften. *Was habe ich denn jetzt wieder getan?*, überlegte ich. *Wohin bringt er mich? Vielleicht bringt er mich zurück ins Heim oder zu Gigi.*

Ich war schockiert, als der Beamte mich vom Boden hochhob und auf eine Bank hinten im »Gefängniswagen« setzte. Es gab eine Sitzbank auf jeder Seite und hinten ein vergittertes Fenster. Wir konnten nicht nur hinausschauen, sondern die Autofahrer hinter uns konnten auch hineinschauen. Ich hätte am liebsten geschrien: »Ich bin kein Verbrecher!« Aber es hätte nichts genützt. Wieder einmal fühlte ich mich gedemütigt und ohnmächtig.

Als meine Mutter und ich auf dem Revier ankamen, wurden wir getrennt. Ich wusste nicht, wohin sie kam, aber ich nahm an, dass man mich in Gigis Wohnung oder zurück ins Kinderheim bringen würde. Doch ein Polizist sagte mir, dass ich die Nacht im *Audy*-Heim verbringen sollte.

Es lag in der Innenstadt von Chicago und hatte eine Abteilung für Kinder, die darauf warteten, dass ein Gerichtsurteil über ihr weiteres Schicksal getroffen wurde. Für mich sah es wie ein Gefängnis aus.

Der Mann, der meine Anmeldungsformalitäten erledigte, saß hinter einem Schreibtisch. Hinter ihm lag ein kurzer Flur, von dem vier Zellen abgingen. In zweien saßen fluchende Teenager, die über die Welt und den Mann am Empfangstresen schimpften, der gelegentlich zurückpolterte.

Er musste alles auflisten, was ich bei mir hatte. »Was hast du an?«, knurrte er.

»Schuhe, Socken, Hose, Unterwäsche, Gürtel, Hemd, Jackett.«

Er starrte mich grimmig an und sagte: »Es ist Februar in Chicago, Kleiner. Hast du keine Jacke?«

»Ich hab ja eine Jacke an«, erwiderte ich und zog mein Jackett enger um mich.

»Ja, was denn nun? Eine Jacke oder ein Jackett?«

Ich wusste es nicht. Ich suchte in seinem teilnahmslosen Gesicht nach einem Anhaltspunkt für die richtige Antwort, fand aber keinen. Angsterfüllt platzte ich heraus: »Es ist eine Jacke.«

Der Mann sprang von seinem Stuhl auf und fluchte, weil er meinen Tonfall offenbar für aufsässig hielt. Er packte mich am Arm und schleifte mich zu den Zellen. »Ich werde dir zeigen, was mit Jungen geschieht, die mich nicht respektieren!«, brüllte er. Er hob mich hoch und drückte mein Gesicht gegen die Gitterstäbe einer Zellentür. Ich sah ein fleckiges, verdrecktes Waschbecken und einen Eimer, der als Toilette benutzt worden war. Der Gestank war schlimmer als der Geruch von Jauche, der im Frühling über den Bauernhöfen von Princeton hing.

»Möchtest du die Nacht hier verbringen?«, brüllte der Mann.

»Nein, Sir!«

Er zerrte mich zurück zum Empfangstresen und fragte noch einmal: »Also, ist es nun eine Jacke oder ein Jackett?«

»Ich weiß es nicht, Sir«, piepste ich. »Ich bin doch noch ein Kind. Ich weiß es nicht!«

»Es ist eine Jacke, Idiot.«

Nachdem er mir befohlen hatte, die Sachen auszuziehen, gab er mir etwas, das wie Häftlingskleidung aussah. Er sagte mir, dass ich nach oben auf die Station gehen sollte, wo ich die Nacht verbringen würde.

Als ich die Tür oben an der Treppe erreichte, war sie jedoch verschlossen. Ich klopfte. Keine Antwort. Ich klopfte noch einmal. Keine Antwort.

Ich hämmerte, bis mich ein Junge durch die Tür beschimpfte. »Was willst du?«, brüllte er.

»Ich soll hier übernachten.«

»Ich kenne dich aber nicht.«

»Ich will mit einem Erwachsenen reden.«

»Warum sollte ich dich lassen?«

»Mach die Tür auf«, verlangte ich.

»Ich muss die Tür nicht öffnen«, sagte der Junge höhnisch. »Du bist nicht mein Chef.«

»Hol einfach jemanden, damit ich ins Zimmer kann und keinen Ärger kriege.«

»Es ist mir egal, ob du Ärger kriegst.«

»Mach die Tür auf oder hol einen Erwachsenen!«, sagte ich und versuchte, meine Wut zu beherrschen.

»Warum sollte ich dich reinlassen?«

»Weil ich hierherkommen sollte!«

»Tja, vielleicht lass' ich dich rein«, sagte er, »vielleicht aber auch nicht.«

Frustriert packte ich die Türklinke mit festem Griff. Die Tür gab nicht nach. Ich war mir sicher, dass der Typ von unten jede Minute hochkommen würde, um mich in die verdreckte Zelle zu werfen, weil ich seine Anweisung nicht befolgt hatte.

Die Beschimpfungen gingen noch einige Minuten weiter; dann sagte der Junge auf der anderen Seite der Tür, dass er mich hereinlassen würde, wenn er mich einmal angesehen hätte.

»Guck durchs Schlüsselloch, damit ich dich sehen kann.«

Das tat ich. Er spuckte – direkt durchs Schlüsselloch – und traf mich ins Auge. Das war's! Ich schrie, trat und trommelte an die Tür. Die gleiche Wut, die ich spürte, wenn ich von den älteren Jungen im Kinderheim verprügelt wurde, brach in mir los.

Ich war bereit, es mit der ganzen Welt aufzunehmen. Den Nächsten, der es wagte, mich zu piesacken, würde ich zusammenschlagen.

Schließlich öffnete ein Mann die Tür und ich starrte ihn wutschnaubend und rot vor Zorn an. Ohne Überraschung oder sonstige Gefühle ordnete er ruhig an: »Folge mir. Ich zeige dir, wo du schläfst.«

Er brachte mich in einen Schlafraum und sagte, ich solle mich auf eines der stabilen Betten setzen. »Das ist deins«, sagte er. »Ich weiß, dass du wütend bist, aber ich bin nicht hier, um das zu klären. Ich bin hier, um in dieser Etage für Ordnung zu sorgen und euch davon abzuhalten, euch zu schlagen. In einer knappen halben Stunde gibt es Abendessen. Bitte bleib hier, bis ich dich holen komme. Und ich empfehle dir dringend, dich ein bisschen zu beruhigen.«

Sein ruhiger Ton half mir, meine Wut bis zum Abendessen etwas herunterzufahren. Bald saß ich in einer Kantine mit kahlen, unpersönlichen grauen Wänden. Oben stand ein vergitterter Fernseher, zu hoch, um heranzukommen.

»Warum nur Löffel?«, fragte ich einen Mitinsassen.

»Sei nicht so dämlich«, schnaubte er. »Gabeln und Messer lassen sich doch als Waffen verwenden!«

Später an jenem Abend ordnete ein Wärter an, ich solle duschen gehen. Einer der Jungen flüsterte: »Pass auf deinen Hintern auf.«

In den Duschen gab es keine Privatsphäre. Zwei Teenager gingen mit mir hinein. Sie erkannten wohl den Zorn auf meinem Gesicht, denn sie wichen zurück und hielten Abstand.

Weil ich Angst hatte, dass mich jemand zusammenschlagen könnte, blieb ich im Bett, bis ich sicher war, dass alle anderen schliefen. Dann stand ich auf und ging zu einem vergitterten Fenster. Ich schlang die Arme um meinen Brustkorb, steckte die Hände unter die Achselhöhlen, umarmte mich selbst fest und wiegte mich leicht hin und her, wie ich es schon so oft getan hatte. Ich starrte an Mauern und Stacheldraht vorbei über die bewaffneten Wachen hinaus zum Himmel und fragte mich nach dem Warum. Warum dieses Leben? Warum wollte mich keiner retten? Gab es einen Ort für Kinder wie mich und wie konnte ich je dorthin gelangen?

Das ist ein Gefängnis, dachte ich. *Ich bin acht Jahre alt und im Gefängnis. Was habe ich gemacht, dass ich an einem solchen Ort gelandet bin? Was habe ich getan?*

Irgendjemand hatte mir gesagt, dass ich nur über Nacht hier bleiben und dann zurück ins Kinderheim kommen würde. Ich hoffte es inständig. Wenigstens hatte das Kinderheim keine Gitter vor den Fenstern, keine Zäune und keine Wachen, und auch meine verrückte Mutter hielt sich dort nicht auf.

In jener Nacht dachte ich viel über sie nach. Sie behandelte andere Menschen grauenvoll. Sie gab allen die Schuld für ihre Probleme. Ich war ihr egal. Es war nur eine Frage der Zeit, bis sie mir die Schuld für ihre Schwierigkeiten anlasten würde. Sie war genau wie die älteren Kinder im Heim, die ohne Grund auf die Jüngeren losgingen und ihre Probleme auf jemand anderen abwälzten.

In dieser Nacht schwor ich mir: Nie wieder würde irgendjemand seine oder ihre Probleme zu meinen machen. Nicht einmal meine Mutter.

Nachdem ich mich nochmals vergewissert hatte, dass meine Feinde schliefen, schlüpfte ich leise ins Bett und dämmerte ein.

Am nächsten Morgen sagte mir ein Wärter nach dem Frühstück, dass mein Sozialarbeiter gekommen war, um mich abzuholen. Ich ging in den Gerichtssaal, aber ich konnte nicht glauben, dass John tatsächlich dort war, bis ich sein weißes Hemd und sein dunkles Haar mit eigenen Augen sah. Ins Heim zurückzukehren, war nicht das Gleiche, wie nach Hause zu gehen, aber es war mit Sicherheit besser als die letzten Monate.

Ich war froh, John zu sehen, aber er schien noch glücklicher zu sein als ich. Er versuchte, nicht zu emotional zu werden, aber sein sanfter Blick und seine fast zärtliche Stimme sagten mir, wie er empfand.

Als wir die Anstalt hinter uns ließen, fragte ich mich, ob Nolas Gott ebenso empfand. Hatte er mich im *Audy*-Heim gesehen oder in diesem Rattenloch von Wohnung? Und wenn ich Gott wirklich am Herzen lag, warum verlief mein Leben dann so elend?

6 Die Ärzte

Als ich von meinen Monaten bei meiner Mutter zurückkam, hoffte ich, dass ein paar Jungs sich freuten, mich wiederzusehen. Ich wollte hören: »Wo bist du gewesen? Was ist passiert? Was hast du gemacht?«

Aber nichts dergleichen geschah. Stattdessen bekam ich ein trauriges »Hey, du bist ja wieder da« zu hören.

Für die anderen Heimkinder stellte meine Rückkehr ein Versagen dar. Sie wussten nicht, ob es meine Schuld war oder ob die Probleme zu Hause sich nicht gelöst hatten. Es war ihnen auch egal. Sie nahmen einfach an, meine Familie hätte mich wieder einmal abgeschoben.

Vergesst es, dachte ich bitter. *Wenn ihr es doch mal wissen wollt, erzähle ich es euch nicht mehr.*

Nola war besorgt. Sie hatte ihren kleinen, anhänglichen Welpen verloren und einen misstrauischen Köter zurückbekommen, der zu oft Kälte, Hunger und Prügel erlebt hatte. Ich war mürrisch und zog mich zurück.

Nola versuchte immer wieder, mich an die normalen Abläufe zu gewöhnen, aber es gelang ihr nicht. Ich funktionierte nur äußerlich, und auch das nur, wenn man mich nicht auf dem falschen Fuß erwischte und ich explodierte.

Nach einigen Wochen nahm John mich eines Tages aus der Schule. »Du hast ein paar heftige Monate hinter dir«, sagte er. »Wir machen uns Sorgen um dich, deswegen fahren wir mit dem

Frühzug zu einigen speziellen Ärzten in Chicago. Sie wollen herausfinden, ob mit dir alles in Ordnung ist. Es wird den ganzen Tag dauern und ich werde nicht bei dir sein können, aber ich bleibe die ganze Zeit im Gebäude und wir essen zusammen Mittag, ich versprech's. Danach sprichst du noch einmal mit den Ärzten und abends fahren wir zusammen zurück.«

Als wir an jenem Abend im Zug zurück nach Princeton saßen, war ich es nach den stundenlangen Tests und Gesprächen mit den Ärzten leid zu sitzen. John hatte Verständnis, ließ mich den Zug erkunden und spendierte mir zur Belohnung eine Limo aus dem Speisewagen.

Dann ließen wir uns in dem beinahe leeren doppelstöckigen Waggon nieder. Ich wusste, dass er mit mir reden wollte. Sozialarbeiter wollten immer irgendwas »besprechen«.

Während der Zug über die Schienen ratterte, fragte mich John nach meinem Tag. Ich dachte, je schneller ich antwortete, desto schneller konnte ich wieder aufstehen.

»Na ja, zuerst haben sie mich in ein Zimmer mit Tischen und Spielzeug gebracht. Ein Arzt hat mir ein paar kleine Bausteine gegeben und gesagt, dass ich ein Haus, eine Scheune und ein Auto bauen soll. Dann sollte ich eine Familie und ein Zuhause zeichnen und mit Buntstiften ausmalen. Ich wollte wissen, warum. Der Arzt hat gesagt, dass er meine tiefen Fähigkeiten, häufiges Vermögen und Flexe testen will.« Ich zuckte die Schultern.

»Meinst du vielleicht kognitive Fähigkeiten, räumliches Denkvermögen und Reflexe?«, fragte John mit einem Lächeln.

»Ja! All so was! Sie haben nicht gesagt, zeichne eine Mutter und einen Vater, Kinder und ein Haus. Sie haben nur gesagt, eine Familie und ein Zuhause. Das war komisch!«

John nickte, sagte aber nichts.

»Dann haben sie gesagt, dass ich mich umdrehen soll, während sie einen Stapel Karten aufgedeckt hinlegen. Als der Arzt ›Los!‹ gesagt hat, habe ich mich umgedreht und so viele Paare gesucht, wie ich konnte, bis er ›Stopp!‹ gesagt hat.«

John nickte.

»Im ersten Spiel hab ich alle gefunden und gewonnen!«

»Gut gemacht, Robby!«

»Ja, aber die nächsten Spiele waren schwerer, und ich hab nicht alle geschafft.«

»Das ist okay, Robby. Sie haben nicht erwartet, dass du alles schaffst.«

»Wieso haben die was auf einen Block geschrieben, als wir mittaggegessen haben?«, fragte ich.

»Sie haben etwas über deine Tischmanieren vermerkt – wie du mit Messer, Gabel und Löffel umgehst. Wie du dich in einem formlosen Rahmen mit Erwachsenen verhältst.«

»Warum?«

John erklärte lang und breit, dass viele Kinder mit einer Kindheit wie meiner irgendwie verkorkst wären. Es könnte sein, dass sie sehr wütend werden auf alle Erwachsenen oder sich wieder wie Babys verhalten – oder zumindest wie kleinere Kinder.

John schwieg, während ich darüber nachdachte. »Ich entwickle mich nicht zurück«, beschloss ich laut.

Er nickte und lächelte ein bisschen.

Ich war froh, dass er nicht fragte, ob ich wütend war. Sonst hätte er ganz schön was zu hören bekommen. »War ich okay beim Mittagessen?«, fragte ich.

»Du hast das richtig gut gemacht, Robby«, versicherte er mir. »Jetzt erzähl mir noch von deinem Nachmittag mit den Psychiatern.«

Das wollte ich nicht; ich hatte schon den ganzen Abend geredet. Wollte er es nicht lieber von den Ärzten hören? Konnten wir nicht einfach die Zugfahrt genießen? Aber nach unseren jahrelangen Treffen wusste ich, dass John mich so lange löchern würde, bis ich antwortete. Also rutschte ich auf meinem Sitz zurück und erzählte weiter.

»Der Psychiater war okay. Erst hat er gesagt, dass sie mir nicht helfen können, wenn ich nicht ehrlich bin. Er wollte, dass ich sage, was ich denke, selbst wenn es wehtut oder schlecht klingt. Er wollte, dass ich ihm von meinem Vater erzähle – woran ich mich erinnere, was ich weiß, was ich fühle. Das war schwer. Ich erinnere mich überhaupt nicht an ihn. Ich habe nur ein Foto von ihm. Er hatte kurze dunkle Haare, eine Brille und er hat breit gelächelt.«

»Was hast du dem Arzt gesagt?«, fragte John.

»Ich weiß nicht, was ich für meinen Vater empfinde, weil ich mich nicht an ihn erinnern kann. Ich habe ihm gesagt, dass ich mir wünschte, ich hätte einen richtigen Vater, der mich auf den Schultern trägt und mit mir Fußball spielt, einen Vater, auf den ich stolz sein kann, der mir Sicherheit gibt. Und ich würde meinen Vater vielleicht gern im Krankenhaus besuchen, aber vielleicht auch nicht. Ich glaube, ich verstehe, warum er es leid war, mit meiner Mutter zusammenzuleben, aber ...«

Ich zögerte.

John wartete eine lange Minute, dann fragte er: »Aber was, Robby?«

Ich kämpfte mit mir. Ich hatte das noch nie laut zu jemandem gesagt.

»Bitte, Robby. Du weißt, dass du mir wichtig bist. Was ›aber‹?«

Leise, beinahe flüsternd, stellte ich endlich die Frage, auf die ich ein Ja als Antwort fürchtete. »Aber John, wieso hat er mich verlassen? War er mich leid?«

John schüttelte den Kopf. Er beugte sich vor und schaute mir tief in die Augen. »Es ging nicht um dich, Robby. Er war dich nicht leid, und du hast nichts falsch gemacht. Die Entscheidungen deiner Eltern hatten nichts mit dir zu tun. Leider musstest du unter den Dingen leiden, die sie getan haben.«

Ich hatte das schon viele Male zuvor von ihm gehört und noch immer konnte ich es nicht glauben.

Wir saßen schweigend da, während die Felder draußen vorbeiflogen. Ich hoffte, dass John mit seinen Fragen durch war, aber ich hätte es besser wissen sollen.

»Was haben die Ärzte sonst noch so gefragt, Robby?«

»Sie wollten, dass ich ihnen von meiner Mutter erzähle. Ich dachte, die ganze Welt wüsste über sie Bescheid. Sie ist verrückt.«

»Haben die Ärzte gefragt, wie du dich damit fühlst?«

»Ja. Ich habe gesagt, dass ich Gigi gefragt habe, ob meine Mutter meinen Vater liebt. Gigi sagte, dass sie sich nicht sicher war, ob Joyce irgendjemanden außer sich selbst liebt.«

John wartete wieder; dann fragte er: »Fühlst du auch so über deine Mutter, Robby?«

»Ja. Ich weiß nicht, wen sie liebt, aber mich jedenfalls nicht. Und, na ja, das klingt schlimm, aber ich würde gern von ihren Besuchen verschont bleiben, bis es ihr irgendwie besser geht.«

John nickte. »Keine Sorge, Robby. Deine Mutter ist jetzt in einer psychiatrischen Klinik und wird wahrscheinlich eine Weile dort bleiben.« Er machte eine Pause. »Noch irgendwas, worüber du reden willst?«

»Kannst du mir sagen, was sie wegen mir beschlossen haben – die Ärzte heute? Werde ich auch verrückt?«

John dachte einen Augenblick nach und sagte dann: »Du bist nicht verrückt, Robby. Du bist ein normaler kleiner Junge. Aber du hast eine echt schwere Zeit hinter dir. Wir werden in ein paar Wochen ihren schriftlichen Bericht bekommen und dann reden wir darüber. Aber sie haben gesagt, dass es dir besser geht, als sie erwartet hätten. Irgendwie hast du es geschafft, über deine Gefühle nachzudenken, und das hat dir geholfen. Das ist ziemlich erstaunlich für dein Alter.«

Und dann kamen die Worte, die in meinem Herzen hängen blieben: »Sie möchten, dass wir dich so bald wie möglich in einem normalen Zuhause unterbringen.«

Während der Zug weiter über die Schienen ratterte, hallte dieser Satz immer wieder in meinem Kopf wider: *ein normales Zuhause.*

Das klang gut, sogar sehr, sehr gut! Aber nach allem, was passiert war ... *war das überhaupt möglich?*

7 Gigis Geschenk

Einige Monate nach meinem Besuch bei den Ärzten in Chicago fragte Nola: »Hättest du Lust, das Wochenende bei Gigi zu verbringen, Robby? Sie will mit dir über etwas Wichtiges reden.«

Und ob ich Lust hatte!

Heißt das, dass Gigi mich zu sich nimmt? Ich konnte es kaum abwarten, das herauszufinden.

Als der Freitag endlich da war, setzte mich John in der Wohnung meiner Großmutter ab. Bei dem Brathähnchenduft lief mir das Wasser im Mund zusammen.

Normalerweise spielten wir Domino oder Karten, wenn Gigi den Tisch abgeräumt hatte. Sie ließ mich gewinnen, machte es mir aber nie einfach. Wir hätten auch Fangen oder Verstecken spielen können, aber die Wohnung war so mit Möbeln vollgestellt, dass man sich kaum bewegen konnte.

An jenem Abend allerdings sah Gigi ernst aus. »Lassen wir doch das Geschirr bis später stehen und setzen uns erst einmal aufs Sofa. Ich möchte mit dir reden.«

Ich konnte kaum ein Grinsen unterdrücken. Ich wusste bereits, was sie mir sagen würde: Ich konnte bei ihr wohnen.

Sie setzte sich neben mich auf die Couch. »Robby«, begann sie, »ich habe immer versucht, dich zu beschützen. Aber jetzt, nach allem, was du durchgemacht hast, sollte ich dir einiges sagen.«

Ich rutschte hin und her und versuchte, es mir bequem zu machen. Es klang, als würde es länger dauern.

»Deine Großmutter Pauline konnte deine Mutter nicht leiden«, begann Gigi. »Sie fand, dein Vater hätte eine Frau heiraten sollen, deren Familie gesellschaftlich und finanziell höhergestellt war – mit ihren Worten: ›mehr von unserer Art‹.«

Gigis ernster Gesichtsausdruck verschwand und sie kicherte. Mit einem albernen Akzent sagte sie, was ich sie schon viele Male hatte sagen hören: »Aber du und ich wissen: Bei Klasse geht es nicht um Geld, sondern um Charakter!«

Wenn irgendjemand Klasse hatte, dachte ich, dann war es Gigi. Ich wollte auch Klasse haben. Wenn ich bei ihr lebte, würde ich Klasse bekommen.

»Als Pauline die Hochzeit nicht verhindern konnte«, fuhr Gigi fort, »versuchte sie, zumindest Regie zu führen.« In Paulines Akzent sagte sie: »Aber Joyce, Liebes, ich möchte nur das Beste für dich und Robert.«

Ich kicherte. Sie schüttelte den Kopf und ihr Ton wurde sarkastisch. »Aufgrund ihrer großen Herzensgüte schrieb Pauline dann deinen Eltern jedes Detail ihrer Hochzeit vor.«

Sie verdrehte die Augen. »Als deine Eltern auf Hochzeitsreise waren, engagierte deine Großmutter Möbelpacker, die alle Möbel aus der Wohnung holten und einlagerten. Dann ließ Pauline teure Möbel hineinstellen, die sie gekauft hatte.«

»Wow! Mutter muss sich ziemlich gefreut haben, als sie zurückkam«, sagte ich.

»Gefreut? O nein, Robby! Sie und dein Vater waren wütend, dass Pauline so teure Möbel gekauft und ihre eigenen weggebracht hatte, ohne es mit ihnen abzusprechen.«

Pauline muss so verrückt sein wie meine Mutter, dachte ich. *Ich frage mich, ob unsere ganze Familie durchgeknallt ist.*

Meine Mutter hatte dann einen Teil der Möbel verkauft. »Ich habe sie dazu überredet, einige der Möbel und Hochzeitsgeschenke hier bei mir zu lassen, damit ich sie aufbewahre«, erklärte Gigi. »Ich habe ihr meine eigenen Möbel für ihre Wohnung gegeben und eintausend Dollar, damit sie ihre Rechnungen bezahlen konnte, bis sie eine Arbeitsstelle hatte und wieder auf die Füße kam.«

»Darum hast du hier also so viele Möbel?«, fragte ich. »Ich habe mich immer gefragt, warum deine Wohnung so voller Zeug steht.«

Gigi schwieg kurz und holte tief Luft. Sie nahm meine Hand und schaute mir tief in die Augen.

Jetzt kommt es, dachte ich. *Jetzt wird sie mir sagen, dass sie einen Teil von dem Krempel verkaufen und mich bei sich behalten kann.* Ich setzte mich noch gerader hin und wartete auf die guten Nachrichten.

»Robby, ich habe vor, so lange zu leben, dass ich noch mitbekomme, wie du deinen Collegeabschluss machst und heiratest.«

Was?!

»All diese wunderschönen Mahagonimöbel, das Porzellan, das Kristall und das Silber gehören dir, wenn ich sterbe, oder schon früher, wenn du willst. Ich habe es für dich aufgehoben! Ich bin froh, dass ich es getan habe, denn deine Mutter hätte alles verkauft und das ganze Geld ausgegeben. Es ist dein Erbe. Wenn du und deine Frau es einmal nicht wollen, könnt ihr es verkaufen. Das wird euch einen guten Start ins Leben ermöglichen.«

Gigi zitterte. Der Gedanke, dass ich ans College ging, ein Mann wurde, heiratete – das machte ihr wohl weiche Knie.

Aber ich war so enttäuscht, dass ich gar nichts sagen konnte. Das sollte die große Überraschung sein?

Weil ich nicht wusste, was ich sonst tun sollte, umarmte ich meine Großmutter. Sie weinte, während ich nur dachte: *Und wieder nichts. Nur dieser Möbelkram! Eine weitere schräge Geschichte in meinem ohnehin schrägen Leben.*

Schließlich lehnte sich Gigi zurück und wischte die Tränen weg. »Genug davon«, verkündete sie. »Essen wir Eis!«

Als ich am Abend im Bett lag, war mein Magen voll. Aber ich fühlte mich so leer wie eh und je.

8 Die Entscheidung

Als ich am nächsten Morgen auf einem kleinen Schwarz-Weiß-Fernseher Trickfilme schaute, spürte ich noch immer die Enttäuschung.

Gigi hörte lieber Radio. Besonders gut gefielen ihr die Geschichten der *Pacific Garden Mission*. Sie drehten sich immer um einen heruntergekommenen obdachlosen Menschen oder Betrunkenen, der den absoluten Tiefpunkt erreicht hatte – und dann Gott fand und sein Leben völlig änderte.

Die ganze Sache mit Gott war nichts für mich. Wenn ich zuhörte, dann wegen der hoffnungsvollen Botschaft: Egal, wie schlimm das Leben auch war, es konnte sich immer noch wenden und besser werden. Mir gefiel dieser Gedanke, auch wenn er auf mich nicht zuzutreffen schien.

Gigi hatte eigentlich frei, aber wir fuhren trotzdem mit der Hochbahn in die Innenstadt. Wir wollten ein neues Hemd für mich kaufen und im Café *Walnut Room* Kuchen essen.

Der *Walnut Room* war riesig, mit prächtigem Walnussholz getäfelt und die Decke wölbte sich sehr weit oben über uns. Nachdem ich mich wie üblich vollgestopft hatte, lehnte ich mich zurück und wartete. Gigi schien sich innerlich für ein weiteres Gespräch zu sammeln.

»Robby«, begann sie, »wie du weißt, habe ich mit deinen Sozialarbeitern, mit Nola und den Ärzten viel über deine Zukunft geredet und wir haben überlegt, was am besten ist.«

Ich setzte mich auf. Die alte Hoffnung kroch vorsichtig aus ihrem Versteck.

Jetzt kommt's, dachte ich. *Ich darf doch noch zu ihr ziehen!*

»Als deine Mutter dich so lange ohne Erlaubnis mitgenommen hat, ist der Direktor des Kinderheims zum Richter gegangen und hat ihr das Sorgerecht entziehen lassen. Arnold, ein Großonkel von dir, hat sich bereit erklärt, dein Vormund zu werden.«

Was? Wovon redet sie? Ich bleibe nicht bei ihr? Ich komme zu einem alten Kerl, den ich nicht kenne?

Gigi waren die Verwirrung und Wut in meinem Gesicht nicht entgangen. »Er ist ein netter Mann, Robby«, sagte sie rasch. »Er wohnt in Atlanta und hat dort ein Autohaus für Oldsmobile und Rolls-Royce. So entscheidet jemand aus der Familie, was mit dir geschieht, nicht der Staat oder deine Mutter.«

»Aber Gigi«, platzte ich heraus, »warum kann ich nicht bei dir leben?«

Ihre Stimme war überraschend emotionslos. »Deiner Mutter wird es nie wieder gut genug gehen, um dich großzuziehen. Ich bete jeden Tag, dass sie eines Tages in der Lage sein wird, einer Arbeit nachzugehen und sich selbst zu versorgen.«

Ich nickte, sagte aber nichts.

»Dein Vater wird die psychiatrische Klinik in Georgia nie wieder verlassen können. Er kann laufen, erinnert sich aber nicht an viel, kann sich nicht selbst anziehen, und wenn er spricht, kann man es nicht verstehen. Es gefällt ihm, wenn Onkel Arnold und deine Tante Alice ihn besuchen, aber bei deiner Großmutter Pauline ist er so ausgerastet, dass sie ihn gar nicht mehr besucht.«

Warum das ganze Gerede über meine Verwandten in Georgia? Ich kenne sie nicht einmal. Sie haben sich nie zuvor für mich interessiert. Warum jetzt? Was versucht Gigi mir zu sagen?

»Robby, ich liebe dich von ganzem Herzen«, fuhr sie fort, »aber ich muss realistisch sein. Ich werde nächstes Jahr siebzig. Das ist zu alt, um ein so lebhaftes Kind wie dich großzuziehen. Du brauchst jemanden, der besser für einen Jungen geeignet ist als eine alte Frau wie ich.«

Sie zwinkerte, darum zwang ich mich zu lachen, damit sie sich besser fühlte. Der Kellner füllte Gigis Tasse auf, während sie ihre Handtasche öffnete und einen Umschlag herauszog.

»Was werdet ihr also mit mir machen?«, fragte ich.

»Ich möchte dir einen Teil aus dem Brief von den Ärzten aus Chicago vorlesen. John hat ihn mir gegeben: ›Wie Robby in seiner Situation einem schweren Schaden entgehen konnte, ist kaum zu erklären. Er betrachtet sich als jemand, der abgeschoben wurde. Er will glauben, dass es nicht seine Schuld ist, aber er muss die Einrichtung verlassen können, bevor es für ihn zu spät ist, zu einem sozial und intellektuell gesunden Jugendlichen heranzuwachsen.‹«

Noch mehr Kauderwelsch.

Ich wiederholte meine Frage, aber dieses Mal war mein Ton eisig. »Was werdet ihr also mit mir machen?«

Gigi faltete den Brief zusammen und erklärte, dass es drei Möglichkeiten gebe: »Du kannst noch bis zu deinem Highschool-Abschluss im Kinderheim bleiben. Oder du kannst Pflegefamilien besuchen und überlegen, ob du in eine von ihnen ziehen möchtest. Oder vielleicht kannst du bei Verwandten in Atlanta leben.«

Sie wartete auf meine Antwort.

Auf keinen Fall gehe ich in eine Pflegefamilie, dachte ich. Meine Sozialarbeiter hatten schon früher von Ihnen geredet und ich hatte nein gesagt.

Vielleicht gab es gute Pflegefamilien, aber woran sollte ich sie erkennen? Kinder, die in eine gute Familie kamen, kehrten nie ins Heim zurück, also hörte ich auch nie von ihnen. Die Kinder, die ich kannte, hatten alle bloß schlechte Erfahrungen gemacht.

Wenn die Pflegeeltern eigene Kinder hatten, stellte sich meist mindestens eines gegen den »Eindringling«. Am besten sollte es noch in einer Familie mit jüngeren Kindern sein, in der man das jüngste war.

Einige hatten vor ihrem zehnten Geburtstag schon in fünf verschiedenen Pflegefamilien gewohnt. Sie kamen sich vor wie streunende Hunde, die versuchen, ihre Besitzer zufriedenzustellen. Wir sehnten uns nach einem Zuhause mit Erwachsenen. Wir wünschten uns nichts mehr, als dass uns jemand liebte, versorgte und beschützte. Aber unsere ersten Bezugspersonen hatten uns im Stich gelassen – wie sollten wir da erwarten, dass fremde Leute besser mit uns umgingen?

Widerstrebend beschloss ich, es bei meinen Verwandten in Atlanta zu versuchen. Wenn das nicht funktionierte, würde ich einfach im Kinderheim bleiben. Das war nicht meine Traumheimat, aber nach fünf Jahren war es das einzige Zuhause, das ich kannte.

Gigi nippte an ihrem Tee und wartete.

»Ich möchte in einem Haus mit einer Familie leben«, sagte ich endlich. »Ich möchte nicht im Kinderheim bleiben oder in eine Pflegefamilie gehen. Ich möchte mich nicht zu einer Pflegefamilie zugehörig fühlen und dann aus irgendeinem Grund zurück ins Kinderheim geschickt werden.«

Gigi schien erleichtert zu sein. »Ich möchte, dass du tust, was du am besten findest, Robby«, sagte sie leise. »Aber ich muss gestehen, dass ich Angst hätte, deine Pflegeeltern würden mir vielleicht nicht erlauben, dich zu besuchen. Das würde mich umbringen.«

»Kann ich es mit Atlanta probieren, Gigi? Vielleicht nehmen sie mich auf, wenn sie mich erst mal kennenlernen. Sie gehören zur Familie, also könnte ich dich auch weiter besuchen, oder?«

Gigi zögerte. »Wahrscheinlich schon, Robby. Aber vielleicht nur ein oder zwei Mal im Jahr.« Sie holte tief Luft und sagte: »Ich kann gut verstehen, dass du nicht in eine Pflegefamilie willst und dass du nicht im Kinderheim bleiben willst, bis du deinen Schulabschluss machst. Ich glaube, es ist eine gute Idee, wenn du deine Familie in Atlanta kennenlernst. Ich werde dem Kinderheim sagen, dass das für mich in Ordnung ist.«

9 Atlanta

Ich musste mit einem Sozialarbeiter über meine Zukunft sprechen. John arbeitete mittlerweile nicht mehr im Kinderheim. Ich war nicht wütend auf ihn. Er war für mich einfach ein weiterer Erwachsener, der mich im Stich gelassen hatte.

Ich kann mich an den Namen und das Gesicht des Sozialarbeiters, zu dem ich ohne große Begeisterung ging, nicht mehr erinnern. Aber ich weiß noch, dass er Hemd und Krawatte trug. Wir nannten solche Typen »Weißhemden«. Die meisten von ihnen wirkten so steif wie ihre Kleidung.

»Ich bin enttäuscht, dass du dich gegen eine Pflegefamilie entschieden hast, Robby«, sagte er zu mir. »Wir haben schon viele Kinder gut unterbringen können.«

Ich hörte höflich zu, aber ich hatte mich bereits entschieden.

»Wir haben es wohl nicht geschafft, euch zu zeigen, wie gut es in diesen Familien ist. Ihr kennt nur Kinder, bei denen es nicht funktioniert hat. Wir haben gerade nette Familien, die Platz für ein Kind haben. Wir werden dich nicht zwingen, aber ich glaube, du solltest es wenigstens einmal probieren.«

»Nee danke«, sagte ich sarkastisch. »Kein Interesse.«

»Dann bin ich froh, dass du deinen Verwandten in Atlanta eine Chance geben willst«, sagte er lächelnd.

»Ich weiß nicht, warum Sie und Gigi froh darüber sind«, sagte ich angriffslustig. »Die wollen mich nicht. Das sind Fremde, die mich in den ganzen fünf Jahren nicht besucht haben.«

»Ich kann mir vorstellen, wie du dich fühlst«, erwiderte er. »Aber wir wünschen uns wirklich ein normales Zuhause für dich. Wir möchten dich nicht bis zu deinem Abschluss hierbehalten.«

Ich starrte ihn feindselig an. »Jetzt wollt ihr mich auch nicht mehr?«

Verlegen begann er zu stottern. Bevor er etwas Sinnvolles sagen konnte, platzte ich vor Lachen los.

Ich hatte ihn eiskalt erwischt. Viele Heimkinder versuchen, eine Situation zu beherrschen, indem sie Autoritätspersonen aus dem Gleichgewicht bringen, sei es durch schlechtes Benehmen, Wutausbrüche oder indem man ihnen die Worte im Mund umdrehte.

Ich sagte: »Sie hätten Ihren Gesichtsausdruck sehen sollen! *So* lustig!«

Er zwang sich ein halbes Grinsen ab.

Diese Sozialarbeitertypen sollten echt mal ihre Krawatten lockern und ein bisschen relaxter werden.

»Okay, Robby, können wir weitermachen?«

Ich nickte.

»Dass du Atlanta in Betracht ziehst, ist ein gutes Zeichen. Es bedeutet, dass es dir seelisch noch gut geht, also ...«

Und dann hörte ich nichts mehr von dem, was er sagte.

Es geht mir nicht gut!, brüllte ich innerlich. *Es geht mir absolut nicht gut!*

War ihm nicht klar, dass ich nur eins wollte, nämlich das, was niemand vorschlug? Seit meinem dritten Lebensjahr träumte ich davon, dass ich bei Gigi leben durfte.

Ihre Wohnung ist doch wohl groß genug für zwei, dachte ich. *Ich kapier das einfach nicht! Ich kenne sechsköpfige Familien, die in kleineren Wohnungen leben als Gigi. Ich kriege das nicht in meinen Schädel, dass sie mich nicht zu sich nehmen will!* Während das Kinderheim meinen Ferienaufenthalt bei der Familie in Atlanta vorbereitete, zermarterte ich mir weiter das Hirn.

Sagen sie Gigi, dass ich mal verrückt werde wie meine Mutter? Denkt sie, dass ich irgendwann so durchknalle wie Pauline oder mein Vater? Oder dass ich später ein rücksichtsloser Teenager wer-

de, der nur Stress macht? Ich weiß, dass sie mich liebt, wo ist also das Problem?

Ich fand keine Antwort und vielleicht war auch alles egal. Die Erwachsenen entschieden ohnehin alles und ich konnte nichts ändern.

~

Am Ende der vierten Klasse flog ich mit Gigi nach Atlanta. Alles war spannend. Ich kannte 1964 keinen anderen Neunjährigen, der schon einmal geflogen war.

Ich sollte zwei Wochen bei meinen Verwandten verbringen, damit wir uns kennenlernen konnten. Gigi reiste nach einigen Tagen ab. Ich war allein mit Tante Alice, der Schwester meines Vaters, ihrem Mann Mack und ihren drei Kindern. Der Älteste, Mack junior, war nur zwei Monate jünger als ich. Großmutter Pauline lebte auch bei ihnen.

Falls Geld das Problem sein sollte, dass ich nicht bei Gigi wohnen konnte, war ich hier am richtigen Fleck. Ihr Haus hatte riesige Zimmer, jede Menge Möbel, eine Bibliothek, Kronleuchter, fünf Schlafzimmer, drei komplette Badezimmer und zwei zusätzliche Toiletten. Es gab drei Badewannen und fünf Toiletten für sechs Leute!

Sogar Lucille, die Köchin, lebte mit im Haus.

Sie haben sicher genug Platz für mich hier, dachte ich. *Wenn wir uns gut verstehen, gibt es keinen Grund, dass ich nicht hier einziehen darf.*

Mit meinen Cousins spielte ich viel auf dem von Magnolien umsäumten Hof, aber noch besser fand ich den Keller mit einem großen Billardtisch, einer Tischtennisplatte, Sofas, einem Kamin und einer Bar.

Nach kurzer Zeit hatte ich den Spitznamen »Flitzi« weg. Ich hatte viel mehr Energie als meine Cousins und bald spielten sie nur noch abwechselnd mit mir, weil sie mit meinem Tempo nicht mithalten konnten. »Hey, Schwesterherz, jetzt bist du dran«, rief einer der Jungen immer, wenn wir eine Stunde lang Billard, Basketball oder Fußball gespielt hatten.

Wenn sie keine Lust mehr hatten, drinnen mit mir zu spielen, fuhren wir zum Schwimmen in einen Countryclub. Ich war noch nie in einem gewesen, aber alles sah richtig teuer aus.

Vor meinem ersten Besuch dort nahm mich Onkel Mack beiseite. Er war groß, sah gut aus, hatte volles, dunkles Haar und ein freundliches, aber irgendwie distanziertes Lächeln. Er schaute zu mir herunter und sagte: »Wenn du irgendetwas essen oder trinken willst, während du im Klub bist, Robby, sag dem Kellner einfach, dass er es auf meine Rechnung setzen soll.«

Coole Sache, dachte ich. Sie fragten mich nur selten nach meinem Leben im Kinderheim. Wenn es doch einmal vorkam, wich ich aus und wechselte das Thema. Ich hatte Angst, sie würden mich für komisch halten, wenn ich zu viel erzählte. Sie sollten glauben, dass ich ein ganz normaler Junge war, und mich bitten, bei ihnen zu bleiben.

Zwei Wochen lang tat ich so, als sei dies das Leben, das ich eigentlich haben sollte. Alles war perfekt – außer Großmutter Mitchell.

Sie verließ nur selten ihr Zimmer in der oberen Etage. Sie schlief bis mittags und bestellte dann über die Sprechanlage bei Lucille Frühstück. Manchmal fuhr sie mit dem Taxi zum Bridgespielen in den Countryclub. Meistens saß sie in ihrem Schaukelstuhl und las oder schaute fern.

Wenn ihre Zimmertür offen war, steckte ich in der Klemme. Wie ein Raubvogel schien sie darauf zu warten, dass ich die Treppe hinaufkam. Dann rief sie immer mit Jammerstimme: »Robby, Lieber, könntest du eine Minute für deine alte Großmutter erübrigen?«

Manchmal antwortete ich, dass ich schnell wieder nach unten müsse, weil jemand auf mich wartete. Aber aus einem Schuldgefühl heraus betrat ich meist doch widerstrebend ihr Zimmer.

»Amüsierst du dich gut?«, fragte sie immer. »Setz dich und erzähl mir, was du heute gemacht hast.«

Nachdem ich ein oder zwei Sätze gemurmelt hatte, sagte sie: »Ich bin so froh, dass du in so einem wunderbaren Kinderheim wohnst und so viele wunderbare Spielkameraden und fürsorgliche Erzieherinnen hast.«

Am liebsten hätte ich erwidert: »Wie kannst du das wissen? Du hast unser Kinderheim noch nie besucht und mich nie danach gefragt!« Stattdessen schwieg ich und wartete auf das, was immer als Nächstes kam.

»Deine Mutter – die arme Seele – hat dich beinahe ruiniert, Robby. Aber ich werde dir jetzt helfen. Es ist wichtig, dass du lernst, wie du dich in die gute Gesellschaft einfügst. Dein allgemeines Benehmen und insbesondere deine Tischmanieren müssen sich unbedingt bessern. Zum Beispiel ...«

Dann hielt sie mir einen Vortrag darüber, was ich falsch gemacht hatte. Doch schon bald fing sie von Mutter an. »O Robby, ich spreche so ungern schlecht von einem anderen Menschen, aber ich weiß, dass *diese Frau* dir so viele Lügen über mich erzählt hat, dass ich möchte, dass du die Wahrheit weißt. Joyce ist eine kranke, verwirrte Frau. Ich werde nie verstehen, was dein Vater an ihr gefunden hat. Ich habe taktvoll versucht, ihn von seiner Wahl abzubringen, aber mein lieber, herzensguter Robert wollte nicht auf mich hören.«

Tränen stiegen ihr in die Augen, aber mir konnte sie nichts vormachen. Sie war eine alte Schnepfe, die ihren einstudierten Text vortrug und dafür zu viel pudriges Make-up und zu viel Lippenstift aufgelegt hatte.

Pauline erinnerte mich an den Wolf im Märchen von Rotkäppchen. Sie tat so, als wäre sie eine liebenswürdige Großmutter, dabei lauerte sie nur auf eine Gelegenheit, etwas zu zerstören.

Wenn ich es nicht mehr ertragen konnte, unterbrach ich ihr Gejammer und sagte: »Würdest du mich bitte entschuldigen, Großmutter? Ich habe Mack versprochen, dass ich gleich zum Spielen zurückkomme.«

Sie ließ mich immer gehen, aber nie ohne laut zu seufzen. Ich gab ihr einen Kuss auf ihre faltige, gepuderte Stirn und ging. Ich konnte es kaum erwarten, mir den Geschmack von den Lippen zu wischen.

Mir schien es, als sei der einzige Unterschied zwischen Pauline und meiner Mutter der, dass Pauline reich war und in einer Villa lebte statt in einer psychiatrischen Klinik. Beide waren krank und voller Hass.

Es war mir auch klar, dass Pauline mich genauso wenig liebte wie meine Mutter. Ich war nur ein weiterer Anlass zum Streit. Wenn ich nicht geboren worden wäre, würden sie um etwas anderes kämpfen. Es ging nicht um mich, sondern um Macht.

Nach diesem Besuch in Atlanta flog ich allein nach Hause. »Weißhemd« und Gigi holten mich in Chicago vom Flughafen ab. Auf dem ganzen Weg nach Princeton erzählte ich ihnen von dem wunderbaren Haus, wie viel Spaß ich hatte, wie nett die Familie war und dass ich es kaum erwarten konnte, zu ihnen zurückzugehen. Pauline erwähnte ich gar nicht. Ihr Verhalten erschien mir zu unwichtig.

Sobald wir wieder am Kinderheim ankamen, gab mir Gigi einen Abschiedskuss und ging, um mit meinem Therapeuten zu reden, bevor sie den Zug zurück nach Chicago nahm. Ich rannte zu Nola, um ihr von meinem Abenteuer zu erzählen.

»Du wirst es nicht glauben«, sagte ich. »Das Haus ist riesig! Die Kinder waren toll! Wir haben Billard und Fußball und Basketball gespielt und sind im Countryclub schwimmen gegangen und –«

Je mehr ich erzählte, desto breiter wurde Nolas Lächeln. Schließlich schien es ihr ganzes Gesicht zu erobern.

Lacht sie über mich?, überlegte ich.

»Worüber lachst du?«, fragte ich.

Wie sie es schon so oft getan hatte, kniete Nola sich hin. Sie zog mich an sich und umarmte mich. »Ich hoffe so sehr, dass alles gut für dich ausgeht, Robby. Ich hoffe das wirklich sehr, sehr, sehr«, flüsterte sie.

Es klang nach mehr als nur nach einer Hoffnung. Es klang nach einem Gebet.

10 Darf ich bleiben?

Zum ersten Mal seit Jahren hatte ich die Hoffnung, dass mein Leben endlich normal werden könnte. Bei meinen reichen Verwandten zu leben, wurde mein großer Traum. Bei meinem nächsten Besuch musste ich unbedingt einen guten Eindruck auf sie machen.

Endlich waren die Sommerferien da und ich saß wieder im Flieger nach Atlanta.

Tante Alice und mein Cousin Mack holten mich vom Flughafen ab. Ich schleppte meinen Koffer hoch, da rief mich Onkel Mack in sein Zimmer und schloss die Tür. »Setz dich, Robby. Ich muss dir etwas sagen.«

Mein Herz begann zu rasen. *Er ist der Herr des Hauses!*, dachte ich. *Er wird mir sagen, dass ich bleiben kann.* Ich zitterte vor Aufregung.

»Letzten Sommer«, begann er, »als ich dir sagte, dass du im Club bestellen kannst, was du willst, meinte ich nicht, dass du die komplette Speisekarte rauf und runter essen solltest.«

Ich spürte, wie mein Gesicht rot anlief. Onkel Mack lachte leise. »Robby, ich will dir kein schlechtes Gewissen machen. Richte dich einfach nach meinen Kindern und iss etwas weniger.«

Ich fühlte mich elend. Ich konnte kaum eine Entschuldigung stammeln. Ich hatte mich so grandios benehmen wollen, dass diese Familie mich geradezu anflehte, bei ihnen zu bleiben. Und jetzt hatte ich schon gleich in der ersten Stunde alles vermasselt!

Wie konnte ich nur so dumm sein?, fragte ich mich.

Als der Schreck über dieses erste Gespräch nachließ, schien alles besser zu werden. Meine Cousins und Onkel Mack hatten viel Spaß. Ich nahm an, dass er mir vergeben hatte und dass alle mich noch mochten.

Meine Hoffnung wuchs, als Tante Alice für mich auch einen Besuch bei Großvater Mitchells Brüdern und deren Familien organisierte. Ich mochte sie und hatte besonders bei Onkel Arnold und seiner Frau Annis einen Stein im Brett.

Arnold war groß und schlank und lachte herzlich. Er besaß ein Autohaus für Luxusschlitten, ein tolles Haus mit riesigem Grundstück in der Innenstadt von Atlanta und zudem eine große Farm auf dem Land.

Tante Annis war groß, beschrieb sich selbst als »Landmädel« und hatte grau meliertes Haar. Bei jeder Mahlzeit fragte sie mich: »Wie kannst du bloß so viel essen?« Ich konnte nicht anders. Im Kinderheim gab es nie Backfisch oder Hühnchen mit selbst gebackenen Brötchen, die vor Butter und Honig nur so trieften. Und statt Kürbis, Tomaten, Okraschoten, Salat und Schlangenbohnen war unser Speiseplan auf Kartoffeln, Mais und Dosenbohnen beschränkt. Im Kinderheim gab es auch keine Eiscreme – die hier in rauen Mengen auf dem Tisch stand!

Die Zeit raste nur so vorbei. Als ich mich von Onkel Arnold verabschiedete, nahm ich allen Mut zusammen und stellte die wichtigste Frage von allen: »Darf ich wiederkommen und hier wohnen?«

Sein Lächeln war warmherzig und höflich. »Vielleicht, Robby«, sagte er und strubbelte mir durch die Haare. »Nimm deine Tasche; es ist Zeit, dass wir uns auf den Weg machen. Tante Alice und Onkel Mack warten schon. Sie werden dich zum Flughafen fahren.«

Bevor ich ins Flugzeug stieg, nahm ich einen neuen Anlauf. Ich setzte mein fröhlichstes Sonntagsgesicht auf und sagte: »Danke, dass ich euch besuchen durfte. Ich bin so gern bei euch. Darf ich vielleicht zu euch ziehen?«

Onkel Mack schüttelte mir nur die Hand, als sei ich ein Klient in seiner Anwaltskanzlei. Tante Alice umarmte mich leicht. Keiner sagte etwas darauf.

Aber ich gab nicht auf. Im Kinderheim fragte ich Nola regelmäßig, ob sie angerufen und gesagt hätten, dass ich bei ihnen wohnen dürfte. Aber niemand hatte angerufen.

Auch Gigi fragte ich jeden Samstag, wenn ich bei ihr war, ob sie etwas aus Atlanta gehört hatte. Sie sagte nur: »Hab Geduld, Robby. Ich werde mit ihnen reden. Ich versprech's.«

Ende August hielt ich es nicht mehr aus. »Gigi«, fragte ich entnervt, »was ist jetzt mit Atlanta? Hast du mit ihnen gesprochen?«

»Wir haben miteinander geredet, Robby. Aber es gibt noch nichts Neues.«

Sie wollte das Thema wechseln, aber ich drängte: »Erzähl mir, was sie gesagt haben, Gigi. Ich weiß, dass sie mich mögen. Ich darf zu ihnen, ich weiß es. Ich habe sie zum Lachen gebracht!«

Sie tätschelte mir den Kopf. »Vielleicht ist jetzt kein guter Zeitpunkt für sie«, sagte sie. »Vielleicht können wir später etwas arrangieren.«

Später?

Später wollte ich nicht. Ich wollte jetzt!

~

Bevor in jenem Herbst die Schule begann, ließ Nola eine Bombe platzen: »Bei den kleinen Jungen ist es inzwischen ziemlich überfüllt, Robby. Wir müssen Platz schaffen. Da du in die sechste Klasse gehst, bist du ab jetzt bei den großen Jungs.«

»Nola«, protestierte ich, »ich bin kein großer Junge! Ich werde erst elf. Ich bin nicht mal eins fünfzig groß und wiege weniger als fünfundvierzig Kilo. Ein paar von den Jungs da sind Riesen! Und sie sind sechzehn, siebzehn, achtzehn!«

»Es tut mir leid, Robby, aber wir haben gerade zu viele kleine Jungen, also muss sich was ändern. Wir wollen dich nicht ärgern. Es muss einfach sein.«

»Aber ... das wird ganz gruselig für mich!«

»Tut mir leid, Robby. Es tut mir wirklich leid«, flüsterte sie. Und damit drehte sie sich um wie eine Bärenmutter, die weiß, dass es an der Zeit ist, ihr Junges zu verlassen, damit es lernt, allein zurechtzukommen.

Der Gruppenleiter der großen Jungen half mir, in das neue Gebäude umzuziehen, und brachte mich in mein Zimmer. Als ich meine Kiste durch den Flur trug, brüllte einer: »Frischfleisch auf der Etage!« Ich hörte dumpfes Gelächter.

Mein neuer Zimmergenosse war drei Jahre älter als ich und stellte sich als ganz okay heraus. Aber er freundete sich nicht mit mir an und setzte sich auch nicht für mich ein. Ich war allein unter den Wölfen.

Täglich bekam ich die Hucke voll und täglich wurde mir klargemacht, dass ich in der Hackordnung ganz unten stand.

Ich war nicht das einzige Opfer. Wenn ein älterer Junge mit schlechter Laune nach Hause kam, ließ er es am nächstbesten Kind aus. Wenn es ein blaues Auge oder Blut gab, bekamen sie Ärger, also hinterließen sie keine Spuren. Einem mit den Fingerknöcheln auf den Kopf zu schlagen, war eine ihrer Lieblingsmethoden. Das hinterließ nur schmerzhafte Beulen, die unter dem Haar versteckt waren. Beliebt waren auch Hiebe auf den Unterarm, während man durch den Flur ging.

Wenn ich aus meinem Zimmer kam und einen der fiesen Typen sah, ging ich zurück und schloss die Tür. Manchmal lief der Junge vorbei, aber meistens stürmte er hinter mir her.

Einer keilte mich dann immer zwischen Tür und Wand ein und schleuderte mich quer durchs Zimmer. Ein gut gezielter Schlag auf meinen Kopf, und schon war er wieder auf dem Weg nach draußen, ohne eine Spur zu hinterlassen.

Als ich mich einmal auf dem Spielplatz bei Nola beschwerte, erwiderte sie: »Ich habe nie gesehen, wie du einen Streit anfängst, Robby. Aber ich habe auch nie gesehen, wie du einem Streit aus dem Weg gegangen bist. Vielleicht versuchst du es mal damit. Dann macht es ihnen nicht mehr solchen Spaß.«

Wahrscheinlich hatte sie recht, aber ich wollte den Prügeleien gar nicht aus dem Weg gehen. Ich wollte auf meine Gegner einschlagen, bis meine Wut und Frustration verschwanden.

Das war allerdings nie der Fall. Ganz im Gegenteil, sie wurden immer schlimmer. Und da ich die miesen Typen einfach nicht besiegen konnte, ließ ich meinen Frust schließlich an wehrlosen Tieren aus.

Ich bat Gigi um einen Chemiebaukasten. Sie war einverstanden, weil sie dachte, ich wollte Arzt oder Wissenschaftler werden. Jeden Samstagnachmittag schnappte ich mir einige Flaschen Chemikalien und fuhr mit dem Fahrrad zu dem Bach, der an der Müllhalde der Stadt vorbeifloss. Niemand behelligte mich dort. Und es gab jede Menge Frösche für meine Experimente.

Zuerst untersuchte ich, welche Chemikalien sie blind machten. Eine Zeit lang zog ich eine grausame Befriedigung daraus, sie umherhüpfen und an Gegenstände stoßen zu sehen, aber dieses Spiel wurde ich bald leid.

Ich fing an, Dinge in die Luft zu jagen. Im Naturkundeunterricht hatten wir gelernt, dass gewisse Chemikalien, Explosionen hervorriefen, wenn man sie mischte. Gestohlener Dünger und Feuerwerkskörper wurden meine Waffen, und die Frösche meine Opfer. Ich benannte sie nach den Rowdys im Kinderheim und jagte sie dann in die Luft.

Zeitweise fühlte ich mich dann besser, aber es löste meine Probleme nicht.

Ich schaffte es durch die sechste Klasse, ohne erwischt zu werden – aber einem echten Zuhause war ich kein Stück näher gekommen.

In jenem Sommer flog ich wieder nach Atlanta. Und wieder fühlte ich mich wie ein Schauspieler in einer Tragikomödie: eine herzliche Begrüßung, jede Menge Spaß, großes Mühegeben, die Frage, ob ich zu ihnen ziehen könnte – und wieder das gleiche Schweigen.

~

Der Wechsel in die Junior Highschool stand an. Ich freute mich auf einen Neuanfang. Aber in der siebten Klasse wurde es keinen Deut besser. Der Schauplatz war neu, die Kämpfe nicht. Ich gehörte zu keiner Clique, war Außenseiter und die älteren Jungen im Heim betrachteten mich als ihren Fußabtreter.

Im Sommer darauf setzte sich ein anderes Kind in den Flieger nach Atlanta: In mir brodelte ein Vulkan.

Ich muss das Kinderheim verlassen, bevor ich irgendwas ganz Dummes anstelle, dachte ich. *Vielleicht ist dies meine letzte Chance. Ich muss rausfinden, was Onkel Mack und Tante Alice von mir wollen, damit ich bei ihnen bleiben kann. Ich* muss *einfach!*

Aber kurz nach meiner Ankunft in Atlanta wurde mein Plan jäh ausgebremst.

»Onkel Warren holt dich nächste Woche nach Greensboro, North Carolina«, erklärte mir Tante Alice. »Dort sind er und dein Großvater Mitchell und all ihre Geschwister aufgewachsen. Die Familie in North Carolina feiert dort ein großes Picknick und du bist eingeladen.«

Sie sagte das, als wäre das eine große Ehre. Ich hatte da so meine Zweifel. Mit diesem Onkel hatte ich erst wenige Stunden verbracht. Er war Versicherungsvertreter und der älteste der Brüder. Worüber sollten wir bei einer so langen Fahrt reden?

Aber dann wurde mir klar, dass ich Onkel Warren für meinen Plan einspannen konnte. *He, du Esel*, sagte ich mir, *das wird gut. Du kannst diesen Kerl beeindrucken. Dann ist er auf deiner Seite, wenn du darum bittest, bleiben zu dürfen.*

In der Woche darauf strengte ich mich doppelt und dreifach an, höflich und hilfsbereit zu Tante Alice, Onkel Mack und meinen Cousins zu sein. Ich ließ den Kellner im Countryclub nichts auf die Rechnung setzen. Ich gab mich sogar mit Großmutter Pauline ab.

Als es an der Zeit war, zu Onkel Warren zu fahren, verabschiedete ich mich von meinen Cousins und umarmte Tante Alice. »Vielleicht kann ich wiederkommen und hier wohnen«, sagte ich. »Ich frage Gigi, ob sie damit einverstanden ist.«

Gespannt beobachtete ich ihre Reaktion. Ihr warmherziges Lächeln verwandelte sich in eine ausdruckslose Maske. Sie sagte nicht: »Das ist toll!« Sie sagte nicht: »Wir werden darüber nachdenken.« Sie sagte nicht einmal: »Es tut mir leid, Robby, aber das wird wahrscheinlich nicht gehen.« Sie sagte gar nichts.

Ich redete mir ein, dass es daran lag, dass sie bereits drei Kinder hatte und vielleicht glaubte, mit einem weiteren Kind überfordert zu sein. Inzwischen wusste ich, wie eine verschlossene Tür aussah, und dies war eine. Es war an der Zeit, an eine andere zu klopfen.

Zu Onkel Arnold und Onkel Warren muss ich besonders nett sein, überlegte ich. *Einer von ihnen wird mich sicher zu sich nehmen.*

Bevor Onkel Arnold mich bei Onkel Warren absetzte, verbrachte ich ein paar Tage bei ihm und Tante Annis auf der Farm. Beim Abschied probierte ich es ein letztes Mal: »Onkel Arnold, es gefällt mir wirklich gut bei euch«, erklärte ich. »Glaubst du, dass ihr vielleicht mit Gigi eine Lösung finden könntet, damit ich zurückkommen und bei euch wohnen kann?«

Er nickte – aber nur aus höflichem Verständnis. Es gab keine hoffnungsvollen Worte. Wie immer sagte das laute Schweigen alles, was ich nicht hören wollte.

11 Warum?

Onkel Warrens Cadillac kam mir so groß vor wie ein Schiff. Auf der Fahrt erzählte er unzählige Geschichten über die Familie meines Vaters. Ich erfuhr, dass mein Großvater Bob Mitchell das drittälteste von elf Kindern gewesen war. Ihr Vater war ein bitterarmer Pachtbauer gewesen, der 1910 mit seinem Maultierwagen Ziegel für den Bau des *Guilford College* in Greensboro in North Carolina transportiert hatte.

Viele Jahre später schafften es mein Großvater Mitchell und einige seiner Brüder, dort zu studieren. Nachdem sie sich eine Existenz aufgebaut hatten, kauften sie in Greensboro ein Haus für ihre Eltern und versorgten sie finanziell. Eine von Großvater Mitchells Schwestern lebte mit ihrem Mann auch in der Gegend und hatte sich um die Eltern bis zu deren Tod gekümmert.

Mit dieser glorreichen Vergangenheit versammelte sich die ganze Großfamilie aus North Carolina alljährlich zum Picknick.

Als wir ankamen, konnte ich kaum glauben, wie viele Leute dort waren. Um die fünfzig Erwachsene und ein Haufen Kinder in meinem Alter begrüßten mich warmherzig und mit vielen Umarmungen.

»Dein Großvater war als Kind ein Heiliger«, erzählte mir eine Tante.

»Er war sein Leben lang ein Heiliger«, fügte eine andere hinzu. »Könnt ihr euch vorstellen, mit Pauline zusammenzuleben?« Die Onkel lachten.

Ich weiß, was ihr meint, dachte ich.

Trotz der herzlichen Begrüßung war ich nur verwirrt. *Wieso hat Gigi mir nicht von diesen Leuten erzählt? Onkel Mack und Mack junior sprechen nicht über sie. Großmutter Pauline hat sie auch nicht erwähnt.*

Keiner dieser Verwandten aus North Carolina hat je versucht, Kontakt zu mir aufzunehmen. Wussten sie überhaupt von mir?

Ich spielte Ball mit einigen Jungen in meinem Alter, fühlte mich aber immer noch wie ein Außenseiter. Wenn die Erwachsenen mich nach meinen Lieblingsfächern und sportlichen Hobbys fragten, erwähnten sie das Kinderheim nicht. Es war, als wären alle vorgewarnt worden, dieses Thema zu umgehen.

Als ich abends langsam in den Schlaf glitt, wirbelten meine Gedanken wild durcheinander. *Na gut, sie wissen, dass ich in einem Waisenhaus bin. Es muss ihnen doch klar sein, dass ich dort nicht bleiben will. Warum laden sie mich dann nicht ein, bei ihnen zu wohnen? Haben sie Geschichten von Pauline gehört, dass ich ein schlechtes Kind bin? Hassen sie meine Mutter? Was ist los? Sie haben Kinder in meinem Alter. Ich könnte genau dazupassen.*

Am nächsten Tag zeigte Onkel Warren mir das Guilford College. Ich wollte ihm gerade die Fragen stellen, über die ich in der vergangenen Nacht nachgedacht hatte, als er mir etwas Verblüffendes mitteilte.

»Weißt du, Robby«, sagte er, »wenn du weiterhin gute Noten hast, kannst du nach Guilford gehen. Nach dem Tod unserer Eltern haben wir zu ihren Ehren ein Stipendium gestiftet. Du kannst es in Anspruch nehmen, wenn du die entsprechenden Noten hast.«

Ich konnte es kaum glauben. *Ich kann ins College gehen? Niemand aus dem Heim geht ins College!*

Ich wusste nur von einem einzigen Jungen, der es je geschafft hatte – und er war nur anderthalb Jahre im Kinderheim gewesen. Er hatte ein Basketball-Stipendium bekommen.

Die meisten verließen das Kinderheim mit achtzehn – manche ohne Schulabschluss. Und wer tatsächlich die Highschool schaffte, ging trotzdem nicht ans College. Ich wusste dagegen von einigen, die vor ihrem einundzwanzigsten Geburtstag tot waren oder im Knast saßen. Die anderen landeten in Jobs ohne jede Aufstiegschance.

Bei einer Unterhaltung hatte ich einmal das College erwähnt. Die älteren Jungs hatten gebrüllt vor Lachen. »Ja, klar«, sagte einer. »Selbst wenn wir das Zeug dazu hätten, woher sollten wir das Geld nehmen?« – Ich hatte daran gedacht, etwas zu sagen wie: »Vielleicht habe ich ja Glück«, aber ich hatte den Mund gehalten. *Er hat recht*, dachte ich. *Ich bin nicht klug und Gigi hat nicht genug Geld, um mich hinzuschicken.*

Selbst der Collegedirektor in Guilford schien erfreut, mich kennenzulernen. »Das *Guilford College* ist stolz darauf, dass so viele Männer aus der Familie Mitchell hier ihren Abschluss gemacht haben«, sagte er. »Wir sind wirklich dankbar für die Großzügigkeit deiner Familie. Du hast ebenfalls einen Platz in Guilford sicher, junger Mann. Lerne fleißig, damit du das Stipendium in Anspruch nehmen kannst.«

Aber nach der College-Führung drängten sich die Fragen der vorigen Nacht und die Wut über diese Familie, die mich offenbar ablehnte, mit aller Macht zurück in mein Bewusstsein. Nur mit großer Mühe konnte ich sie auf der Fahrt zurück nach Atlanta und auf dem Flug nach Chicago unterdrücken.

Im Kinderheim verlangte ich eine Sitzung mit meinem neuen Betreuer namens Marv.

»Was zum Henker geht hier vor sich?«, brüllte ich, als ich in sein Büro stürmte. Ich knallte die Tür zu und lief vor seinem Schreibtisch auf und ab.

Marv war schockiert. Er hatte mich schon frustriert, kalt und distanziert erlebt, aber noch nie so wütend.

»Ich habe mein gottverlassenes Leben satt!«, schrie ich und schlug mit der Faust auf seinen Schreibtisch. »Wer tut mir das an? Na? Sagen Sie's mir! Auf wen muss ich wütend sein?«

»Beruhige dich, Robby«, sagte Marv leise. »Setz dich hin und wir reden darüber.«

»Ich habe es satt zu reden! Ich will mich nicht hinsetzen. Ich will, dass mir jemand eine klare Antwort gibt.«

»Wie lautet die Frage?«

»Sind Sie schwer von Begriff? Ich will wissen, wer mir das antut!«

»Wer dir was antut, Robby?«

»Mich aus Atlanta oder North Carolina auszuschließen, Sie Idiot! Sagen Sie's mir! Wer? Ich bin seit neun Jahren hier! Ich habe Verwandte in Atlanta und in Greensboro. Die Familie *meines eigenen Vaters*, verflixt noch mal! Und es geht ihnen nicht nur gut, sie gehören nicht nur zur Mittelklasse, sie sind schweinereich! Mehr als vierzig Familien könnten mich aufnehmen, Marv. Aber als ich sie fragte, hörte ich nichts als Schweigen! Verstehen Sie mich? *Schweigen!* Die hatten nicht mal den Mumm, mir ins Gesicht zu sagen, dass es dazu nicht kommen wird!«

Meine Stimme wurde immer lauter, je mehr ich mich in Rage redete. »Warum, Marv? Ich bin kein so schreckliches Kind! Ich habe nicht darum gebeten, geboren zu werden. Ich habe nicht darum gebeten, dass mein alkoholkranker Vater mich im Stich lässt. Und ich habe ganz sicher nicht um meine psychotische Mutter gebeten! Bestrafen die mich wegen meiner Eltern? Warum will mich keiner zu sich nehmen? *Warum kann ich nicht zu jemandem gehören und mein eigenes Zuhause haben?*«

Aus meinem tiefsten Inneren brach ein zorniger Schrei. Meine Faust schnellte vor, und bevor ich wusste, was geschah, hatte ich sie durch die Wand geschlagen.

Marv zuckte zusammen. Schwere Schritte kamen über den Flur gerannt. Die Tür flog auf. Ein anderer Sozialarbeiter trat ein. »Alles okay hier drin, Marv?«

»Ja, ja.«

Der Mann starrte mich an, aber ich starrte nur zurück. »Keine Sorge«, sagte ich. »*Ihn* werde ich nicht umbringen.«

Der Sozialarbeiter schaute zu Marv, der nickte. Schließlich verließ der Mann das Zimmer.

»Machen Sie die Tür hinter sich zu!«, brüllte ich.

»Setz dich, Robby«, sagte Marv. »Bitte.«

Meine Wut war erschöpft. Ich ließ mich auf den Stuhl fallen und starrte auf den Boden.

Marv schwieg einige Minuten lang. Er dachte nach. Endlich ergriff er das Wort. »Wir haben uns genau die gleiche Frage gestellt, Robby. Ich werde dir ganz ehrlich sagen, was wir denken. Aber es wird dir nicht gefallen.«

Ich schaute ihn böse an und wartete.

»Ich lasse jetzt mal das ganze Psycho-Gequatsche weg und sage es dir ganz direkt«, begann Marv. »Die einzige Antwort ist, dass Gigi dich nicht loslassen will. Sie könnte dich nicht so oft besuchen, wenn du nach Atlanta ziehen würdest.« Er unterbrach sich und wartete auf die Explosion.

Aber ich hatte schon sehr gründlich darüber nachgedacht und brauchte nur eine Minute, um meine Gedanken in Worte zu fassen: »Ich kann verstehen, warum Sie so denken, aber ich habe Gigi schon danach gefragt, und es stimmt nicht.«

»Wirklich? Wann?«, sagte Marv verblüfft.

»Ich habe sie gefragt, als ich diesen Sommer aus Atlanta zurückgeflogen bin.«

»Was hast du sie gefragt?«

»Ich habe ihr erzählt, dass die Familien meines Vaters in Atlanta und North Carolina das nötige Geld haben, um mich aufzuziehen, aber dass sie das nicht wollen. Ich sagte ihr, dass Tante Alice und Onkel Mack mich mögen. Onkel Arnold und Tante Annis mögen mich auch. Trotzdem wollen sie mich nicht aufnehmen. Onkel Warren ist okay, aber ich glaube nicht, dass irgendjemand von der Familie in North Carolina überhaupt an mir interessiert ist. Gigi hat nichts gesagt, also habe ich ihre Hand genommen, ihr direkt in die Augen geschaut und gefragt: ›Sitze ich hier fest, weil du nicht möchtest, dass ich so weit weggehe?‹«

»Und was hat sie gesagt?«

Ich holte tief Luft, bevor ich weiterredete. Es tat gut, das Gespräch ausnahmsweise einmal in der Hand zu haben. »Sie fing an zu weinen, nahm mich in die Arme und weinte heftig und lange.

Schließlich wischte sie sich das Gesicht ab, schüttelte den Kopf und sagte: ›Daran liegt es nicht, Robby. Deine ganze Kindheit tut mir in der Seele weh. Es gibt nichts, was ich unversucht lassen würde, um dir ein normales Leben zu ermöglichen. Ich würde es sogar in Kauf nehmen, dich nur einmal im Jahr besuchen zu können.‹«

Ich machte eine Pause und sagte: »Ich glaube ihr, Marv. Gigi lügt mich nie an. Sie hat mir nicht immer alles erzählt, aber sie hat mich nie angelogen.«

Marv nickte, also sprach ich weiter: »Gigi ist sich sicher, dass es nicht an mir liegt. Sie konnte mir allerdings nicht erklären, warum nichts daraus wird. Ich weiß nicht genau, ob sie es weiß und mir nicht sagen will oder mir nicht erklären kann. Aber egal, wie es ist, ich glaube nicht, dass es an Gigi liegt. Nur, an wem liegt es dann?«

Wir saßen lange schweigend da.

Endlich ergriff Marv das Wort. »Ich habe keine Ahnung, Robby. Ich dachte, es läge an Gigi, aber vermutlich stimmt, was sie dir gesagt hat. Aber dann habe ich auch keine Antwort für dich. Wenn in Atlanta wirklich keine Möglichkeit mehr besteht und du nicht in eine Pflegefamilie willst, müssen wir einen Weg finden, dir über die nächsten fünf Jahre hinwegzuhelfen, bis du alt genug bist, um allein zu leben. Bist du bereit, etwas dazu beizutragen und an deiner Wut zu arbeiten?«

Ich stand auf. »Ich bin nicht wütend auf Sie, Marv. Oder auf Gigi.« Ich ging zur Tür, öffnete sie und schaute zurück. »Und ich bin nicht bereit dazu, mir mit meiner Wut helfen zu lassen. Eigentlich möchte ich nichts dagegen unternehmen. Ich möchte einfach nur jemandem wehtun.«

Meine Stimme war eisig, aber in mir brodelte es vor glühendem Zorn.

12 Geld verdienen

Nach meinem Besuch im *Guilford College* wurde mir klar, dass meine Zukunft in meinen eigenen Händen lag. Wenn ich fleißig lernte, hart arbeitete und Geld sparte, hatte ich vielleicht eine Chance auf ein besseres Leben.

Großvater Mitchell war ein gut betuchter Mann gewesen und sechs seiner Brüder waren Millionäre. Onkel Bill hatte sein Vermögen mit Bürobedarf verdient. Onkel Arnold war Rechtsanwalt gewesen und hatte später seine Kanzlei aufgegeben, um Autos zu verkaufen. Tom besaß Autohäuser in Atlanta. Howard verkaufte Cadillacs in Florida. Warren verdiente sein Geld in der Versicherungsbranche. Ich hoffte, dass ihr Glück auf mich abfärben würde.

Also marschierte ich in dem Sommer, bevor ich in die achte Klasse kam, durch ganz Princeton, um einen Job zu finden. Ich war nicht sicher, ob es klappen würde, aber ich wollte es auf jeden Fall probieren.

Überall wurde ich abgewiesen. Ich wusste nicht genau, ob es daran lag, dass ich erst zwölf war, oder daran, dass man Heimkindern nicht über den Weg traute.

Am Ende landete ich frustriert im Holzlager bei den Eisenbahnschienen. Der Besitzer lehnte an einem Bretterstapel.

Ich straffte die Schultern und erklärte: »Ich möchte einen Job, Sir. Egal, was. Darf ich bitte für Sie arbeiten? Ich werde Ihnen beweisen, dass ich hart arbeiten kann. Bitte, Sir, geben Sie mir eine Chance.«

Mit seinen Augen, die tief in einem wettergegerbten Gesicht lagen, blickte er mich von oben bis unten an. Selbstbewusst hielt ich seinem Blick stand. Ich wusste, dass ich dank zwei Jahren Übung im Gewichtheben eher wie vierzehn als wie zwölf wirkte.

Schließlich sagte er: »In Ordnung. Komm nächsten Samstag wieder. Ich werde dir eine wirklich schwere Aufgabe geben. Wenn du sie schaffst, hast du den Job.«

Ich konnte es kaum erwarten, mich am Samstag bei meinem neuen Chef zu melden.

»Bereit zum Anpacken?«, fragte er mich.

»Ja, Sir«, erwiderte ich.

Kurz zuvor war ein Güterwaggon voller Halbzentnersäcke Zement eingetroffen, die auf Paletten gestapelt waren. Die Angestellten hoben die Paletten mit einem Gabelstapler vom Zug und setzten sie vor einem Lagerhaus ab.

»Ich möchte, dass du die Paletten ablädst. Trag die Säcke in den Lagerschuppen und staple sie ordentlich auf«, wies mich der Inhaber an. Dann zwinkerte er den beiden Männern zu, die dort standen, und ging pfeifend davon.

Als ich fertig war, hatte ich etwa zweieinhalb Tonnen Zement umgeladen. Schweiß tropfte aus jeder Pore meines Körpers. Selbst die Muskeln in meinen Ohren verursachten mir Schmerzen. Aber ich richtete mich auf und ging hinüber zum Inhaber. Ich wäre nicht überrascht gewesen, wenn er bei meinem Anblick einen Krankenwagen gerufen hätte.

»Erledigt«, sagte ich mit zitternder Stimme. »Habe ich den Job?«

»Junge, du hast dir das Recht, hier zu arbeiten, mehr als verdient.« Sein Lächeln war so breit, dass es die Hälfte seiner Falten verdrängte. »Sei nächsten Samstag gegen sieben Uhr wieder hier.«

Das Kinderheim lag nur fünf Straßen entfernt, aber ich war mir nicht sicher, ob meine zitternden Beine mich so weit tragen würden. Ich nahm jedes Gramm Zähigkeit in mir zusammen, stopfte meine zwei Dollar Lohn in die Tasche und marschierte mit aufrechtem Rücken weg, bis ich außer Sichtweite war. Dann ließ ich

Schultern und Arme hängen und schlich Zentimeter für Zentimeter zurück zum Heim.

Als ich auf mein Bett fiel, kamen mir fast die Tränen vor Schmerzen.

In den nächsten zwei Jahren arbeitete ich jeden Samstag im Holzlager – für rund fünfundzwanzig Cent pro Stunde. Zudem schnitt ich für die Futtermittelfirmen zwei Sommer lang Maisfasern, schuftete in einer Autowaschanlage und schaufelte Schnee von Auffahrten. Manchmal ging ich in meinen Arbeitsklamotten, mit Schnee im Haar und gefrorenen Augenbrauen zur Schule. Das Arbeitspensum war hart, aber ich schaffte es, gleichzeitig Geld zu verdienen und gute Noten zu erzielen.

Ungefähr zu dieser Zeit las ich das Buch *Ich war ein Sklave* von Booker T. Washington, einem ehemaligen Sklaven, der Pädagoge geworden war. Er wurde sofort mein Held. Arbeit war keine Schande, schrieb er und stellte fest, dass man unabhängiger und selbstständiger wurde, wenn man in der Welt etwas beizutragen hatte.

Er schrieb auch viel biblisches Zeug. An der Stelle trennten sich dann unsere Wege. Ich ließ gerade den Konfirmandenunterricht über mich ergehen und manches war auch ganz interessant, aber anschließend beschloss ich, nicht in die Kirche einzutreten, und verursachte damit einen Riesenaufruhr.

Nola sollte mich umstimmen. Sie probierte es vorsichtig, aber es war zwecklos. »Ich kann mich mit dem Jesus, von dem da die ganze Zeit geredet wird, nicht identifizieren«, erklärte ich Nola. »Außerdem: Wenn Gott so gut ist, warum bin ich dann hier?«

Nola wusste, wann sie sich zurückhalten musste. Die Mitarbeiter aus der Kirche und dem Kinderheim gaben mir zu verstehen, dass sie nicht glücklich über meine Entscheidung waren. Ich war der einzige Jugendliche, der sich weigerte, in die Kirche einzutreten. Aber das war mir egal. Ich verdiente Geld, und das würde mich retten.

Ich konnte in meinem Zimmer kein Bargeld aufbewahren, daher eröffnete ich ein Sparkonto bei der Bank. Neben meinem

Lohn zahlte ich auch meine Geldgeschenke darauf ein: Onkel Arnold schickte mir hin und wieder zehn oder zwanzig Dollar und zu Weihnachten hatte ich einhundert Dollar von ihm bekommen. Onkel Tom und Onkel Warren hatten von der Großzügigkeit ihres Bruders erfahren und wollten dem nicht nachstehen, und so flog ich in einem Sommer mit der damals atemberaubenden Summe von zweihundert Dollar nach Hause.

Mein Sparkonto war ein gut gehütetes Geheimnis. Einige Jungen konnten mich schon deshalb nicht leiden, weil ich eine liebevolle Großmutter hatte, bessere Kleidung trug und jedes Jahr in Atlanta Urlaub machte. Es wäre unklug gewesen, noch mehr Salz in die Wunde zu streuen.

Ich versuchte, mindestens die Hälfte meiner Geschenke und Einkünfte zu sparen. Je mehr mein Guthaben wuchs, desto selbstsicherer wurde ich. Mein Ziel war es, unabhängig zu werden, und es sah fast so aus, als sei das Geld der Weg dahin.

Ich werde überleben, wenn ich hier rauskomme, schwor ich mir. *Ich werde nicht obdachlos enden wie meine Mutter oder im Gefängnis verrotten wie einige Typen vor mir.*

Es ging mir gar nicht nur darum, Geld zum Ausgeben zu haben. Es machte auch Spaß, es anzuhäufen. Genau wie meine Onkel am Geld ihren Status im Leben festmachten, wollte ich sehen, wie viel ich vor meinem Abschluss an der Highschool auf die Bank schaffen konnte. Ich hoffte, dann genug zu haben, um mich über Wasser zu halten, bis ich richtig arbeiten würde.

Wenn ich zu verschwenderisch wurde, machte ich mir wieder klar, dass ich das Geld brauchen würde, um nicht im Gefängnis zu landen. Wir hörten so gut wie nie von Jungen aus dem Kinderheim, die ihr Leben meisterten; wir hörten nur, wenn etwas schiefging – und das war häufig der Fall. Bis zu meinem Highschool-Abschluss wollte ich dreitausend Dollar auf dem Konto haben. *Das reicht für einige Jahre in einem staatlichen College in Illinois*, dachte ich, *oder für einen brandneuen Ford Mustang. Vielleicht fällt das mit Guilford ja ins Wasser, und ich weiß sowieso nicht, ob ich nach North Carolina gehen will – so weit weg von Gigi.*

Meine Großonkel sprachen immer von Investitionen in Aktien. Als ich genug gespart hatte, folgte ich ihrem Beispiel und kaufte Aktien von zwei Firmen in Illinois, deren Produkte ich sehr genoss: McDonald's und Playboy.

Finanziell und auch ganz allgemein begannen sich die Ziele in meinem Leben zu ändern. Statt einfach so arbeitete ich für schicke Kleidung. Statt in der Schule nur mitzuhalten, wollte ich gute Noten für das College schaffen. Statt auf ein zielloses Leben zuzutreiben, wollte ich ein Mann mit Zukunft werden.

Ich war fest entschlossen, kein Versager zu werden wie einige Jungen im Kinderheim. Ich schwor mir, einmal meinen einundzwanzigsten Geburtstag zu feiern, ohne dass man mich im Gefängnis besuchen oder auf meiner Beerdigung erscheinen musste.

Ich wusste nur noch nicht, wie das klappen sollte.

13 Wiedersehen

Als ich in der achten Klasse war, wurde meine Mutter aus der Klinik entlassen.

Wir hatten uns einige Jahre nicht gesehen und ich vermisste sie auch nicht. Da ich mich deswegen ein wenig schuldig fühlte, hielt mein Betreuer Marv es für eine gute Idee, wenn ich sie besuchen würde. Er richtete es so ein, dass Gigi mich hinbrachte, und wir trafen uns dann in einem heruntergekommenen Restaurant.

Gigi hatte versucht, mich darauf vorzubereiten, was mich erwartete. »Du wirst überrascht sein, wie deine Mutter aussieht«, warnte sie mich vor.

Überrascht traf es nicht im Entferntesten – ich war fassungslos, als ich sie sah.

Sie war schon immer schlank gewesen. Aber an diesem Tag sah sie mit ihren eingesunkenen Wangen aus wie die Kriegsgefangenen auf Fotos, die ich einmal gesehen hatte. Ihr Haar war farblos und überall standen einzelne Büschel ab.

Ihr ausgeblichenes hellblaues Kleid war übersät mit Flecken und Zigarettenasche und sah aus wie ein knitteriger Sack.

Das allein war schlimm genug. Aber was mir wirklich naheging und mir den Magen verkrampfte, war der Ausdruck in ihren Augen.

Ich kannte den Blick von Menschen, die die Hoffnung verloren hatten. Jedes Funkeln war verschwunden. Ich sah diesen Blick jeden Morgen, wenn ich in den Spiegel schaute.

Aber Mutters Augen waren noch viel schlimmer. Sie schien keine Gedanken, keine Gefühle zu haben. In ihrem Blick lag nur Schwärze, die sich in der Ewigkeit verlor.

Die Haut unter diesen Augen war dunkellila, als ob sie seit Wochen nicht geschlafen hatte. Sie ähnelte einem Zombie aus einem Horrorfilm. Ihre Seele war an einem Ort, an dem ich noch nie gewesen war. Ich konnte sie nur anstarren.

»Wie sieht's bei dir aus, Robby?«, fragte Gigi, um die Stille zu durchbrechen.

»Ich ... es geht mir gut«, stammelte ich.

»Und wie geht es dir, Joyce?«, fragte sie Mutter.

Wir warteten. Mutters Worte kamen nur langsam aus ihrem Mund, als fürchteten sie sich vor dem, was sie draußen vorfinden könnten. »O...kay. Sie versuchen ... mir zu helfen ... Ich muss sie lassen ...«

Gigi beugte sich vor, um sie besser hören zu können. Ich starrte sie weiter an.

»Ich ... bekomme ... starke Medikamente ...«

Komm schon, dachte ich ungeduldig. *Rede normal. Spuck's aus.*

Gigi ermutigte sie zum Weitersprechen.

»... die sollen helfen ... dass mein Gehirn ... nicht solche wirren Gedanken hat.«

Langsam hob sie eine dünne Papierserviette an und wischte sich die Spucke aus dem Mundwinkel.

Gigi, kannst du das beenden?, flehte ich insgeheim. *Gehen wir!*

»Als in meinem Gehirn ... alles so schnell vor sich ging ...«, Mutter runzelte die Stirn, als sie nach den nächsten Worten suchte, »... konnte ich nicht denken ... konnte keiner Arbeit nachgehen ... konnte ich nicht für mich sorgen.«

Jetzt kannst du auch nicht denken. Lass die Tabletten weg! Vielleicht könntest du dich dann um mich kümmern wie eine richtige Mutter.

»Diese Medikamente machen mein Gehirn langsam ... ich muss übers Aufstehen ... nachdenken ... bevor ich aufstehe.« Sie zögerte, suchte. »Ich bin so langsam ... ich klinge betrunken.«

Das ist nichts Neues!, dachte ich. *Früher hat dich das nie gestört.*

Sie beugte sich zu ihrem Wasserglas vor und wusste offenbar nicht genau, wie weit entfernt es stand. Endlich streckte sie in Zeitlupe die Hand danach aus. Um es ruhig zu halten, führte sie es mit beiden Händen an den Mund, nippte und stellte es wieder auf dem Tisch ab. Der Vorgang dauerte wahrscheinlich nicht länger als eine Minute. Es kam mir vor wie eine Stunde.

Gigi tat so, als ginge nichts Ungewöhnliches vor sich. Ich wollte fliehen und so weit wegrennen, wie ich konnte. *Das kann nicht mehr lange so weitergehen*, dachte ich. *Sie sieht erschöpft aus.*

Irgendwie schien sie sich aber doch zusammenzureißen und begann, normaler zu klingen. »Ach Robby, meine Haare ... sehen schrecklich aus. Ich weiß nicht, ob ich je wieder hübsch sein werde. Sie haben bei mir mehrmals eine E... E... Elektroschockbehandlung gemacht.«

Zu meiner Überraschung glitt ein Hauch von Traurigkeit über ihr Gesicht. Ich hatte nicht gedacht, dass sie irgendetwas fühlen konnte.

Ihre Stimme hob sich. »Sie schnallen dich auf einen Tisch. Sie schnallen deine Arme und Handgelenke fest.«

Aus dem Nichts in ihren Augen wurde Zorn. Ihr Atem wurde schnell und flach, als ob sie gerannt wäre. »Sie schnallen dich an den *Knöcheln* fest und an der *Brust* und stecken *dir – etwas – in – den – Mund – damit – du – dir – nicht – die – Zunge – abbeißt!«* Sie spuckte die Worte aus, als ob sie Kugeln auf ihre früheren Peiniger abfeuerte.

Mir wurde schlecht. Ihre Stimme war laut, aber ich schaute mich nicht um, um zu sehen, ob die Kellnerin es gehört hatte.

»Sie haben mir so ein Kopfstück aufgesetzt. Es an einen Generator angeschlossen. Einen Schalter umgelegt und Elektrizität ... in mein Gehirn gejagt.« Ihre Stimme verlor sich.

Gigi und ich beobachteten entsetzt die panische Angst auf Mutters bebendem, schwitzendem Gesicht.

Irgendwie wusste ich, dass sie fertig war. Ich streckte den Arm über den Tisch aus und griff nach ihrer Hand. Wir saßen schweigend da, während sie langsam ruhiger wurde. Ich wollte das Gespräch nicht unnötig verlängern. Aber ich konnte nicht anders, ich musste die Frage stellen: »Hat es sehr wehgetan, Mutter?«

Mit ihrer zerfetzten Serviette wischte sie sich den Mundwinkel ab. Mir fiel auf, dass eine Seite ihres Mundes herunterhing. *Was haben sie mit ihr gemacht? Wie konnte ihr das jemand antun?*

Ich hielt immer noch ihre Hand. Das schien ihr Kraft zu geben.

»Schmerz. Körperlicher Schmerz? Ich glaube nicht, Robby. Ich erinnere mich an nichts, nachdem sie mich festgeschnallt haben. ... Nachdem ich aufwachte, hat bei mir nichts funktioniert. Es war so, als ob ... ich gerade genug Gehirn hätte, um zu wissen, dass ich am Leben bin, aber nicht genug, um meinen Körper irgendwie zu steuern. Die Leute im Krankenhaus nannten das ... ›wache Tote‹. Das war ungefähr so, wie wir uns fühlten.«

Gigi beschloss, dass wir alle für diesen Tag genug hatten.

Als wir in ihre Wohnung zurückkamen, fragte Gigi, ob ich darüber reden wolle.

»Nein, danke. Ich kann jetzt nicht darüber reden. Vielleicht später.«

Reden? Ich konnte nicht reden. Ich konnte kaum denken. Ich brauchte Zeit, um meine Gefühle zu sortieren. Ich wusste, dass ich die Bilder von diesem Besuch ewig mit mir rumschleppen würde.

Die meiste Zeit hatte ich meine Mutter gehasst. Aber jetzt war mir einfach nur schlecht. Auf einmal wurde mir klar, dass sie ihre Handlungen gar nicht kontrollieren konnte. Offenbar musste sie ständig ums Überleben kämpfen – Tag für Tag, Stunde für Stunde, Minute für Minute.

In meinem Magen tobte es. Mitgefühl konkurierrte mit meiner ständigen Wut. Die Wut war stärker. Meine Mutter hatte Gigis Leben ruiniert und dazu beigetragen, das Leben meines Vaters zu zerstören. Gar nicht davon zu reden, was sie *mir* angetan hatte.

Noch Monate nach diesem Tag konnte ich das alles nicht einordnen. Das Mitgefühl kämpfte um einen Platz in meinem Herzen. Es schien, als müssten Löwe und Lamm, Wut und Mitgefühl Seite an Seite in mir leben.

Bis zu dem Tag, als meine Mutter diesen inneren Konflikt selbst löste.

Der Abschluss der Junior Highschool war in Princeton ein großes Ereignis. Sogar Art und Fran, zwei von Gigis Verwandten, kamen dafür extra aus Rockford.

Ich war stolz wie ein Pfau, als ich in Anzug und Krawatte auf der Bühne saß. Doch plötzlich ertönte eine bekannte Stimme von hinten aus dem Saal:

»Juhuuu! Robby!« Meine Mutter kam betrunken nach vorne getaumelt.

Gigi erhob sich rasch und fing sie im Gang ab. Mutter wurde nach hinten dirigiert.

Ich glaub das einfach nicht! Was macht sie hier? Wie kann sie mir das antun? Ich hasse sie ... ich hasse sie ... ich hasse sie!

Als ich aufgerufen wurde, um mein Abschlusszeugnis in Empfang zu nehmen, ging ich nicht wie die anderen mit erhobenem Kopf nach vorn, sondern ließ die Schultern hängen, schaute zu Boden und hoffte inständig, dass meine Mutter mich nicht noch einmal blamieren würde.

Aber als ich die Hand nach dem wertvollen Stück Papier ausstreckte, durchbrach ihre Stimme die respektvolle Stille. »Ja, Robby!«, schrie sie. »Juchhu!«

Die Leute rutschten auf ihren Stühlen hin und her und lachten peinlich berührt. Ich hätte mich am liebsten in irgendein Mauseloch verkrochen.

Nach der Veranstaltung kam niemand, um mir zu gratulieren. Gigi, Art, Fran und ich liefen draußen herum, meine Mutter klebte an mir. Der Alkoholgeruch aus ihrem Mund war ekelerregend. Ich hätte sie am liebsten angebrüllt und ihr den Schädel eingeschlagen.

In jenem Augenblick zerfleischte der Löwe meines Zorns das Lamm meines Mitgefühls.

14 Männer und Vorbilder

»Schafft mir diese Frau vom Hals!«, brüllte ich in meiner nächsten Therapiestunde.

Marvs dichte Augenbrauen zogen sich zusammen, während er meinen Ausbruch über sich ergehen ließ.

»Sie hat meine Abschlussfeier ruiniert. Seit dem Tag meiner Geburt hat sie mir nichts als Qualen bereitet. Ich hasse sie, ich hasse sie, ich hasse sie!«

»He, Robby«, setzte Marv an.

Seine Binsenweisheiten konnte er sich sparen. »Schluss!«, tobte ich. »Ich will sie nicht mehr sehen – nie wieder!«

Marv, ein guter, sanftmütiger Mann, ließ mich kommentarlos austoben. Schließlich entließ er mich aus der Sitzung.

Nach dieser Explosion fürchteten die Mitarbeiter wohl, dass ich mich oder jemand anderen verletzten könnte. Wenige Tage später nahmen sie mir den Chemiebaukasten weg, schickten mich jede Woche zu Gesprächsterminen und verboten meiner Mutter den Zutritt zum Gelände.

Als ich noch jünger war, hatten Gigis wöchentliche Besuche geholfen, mich zu beruhigen. Aber jetzt war sie vierundsiebzig und der Weg wurde zu beschwerlich für sie. Alle paar Monate brachte mich jemand zu ihr, aber ich vermisste sie unbeschreiblich. Ihre Besuche hatten genügend Liebe in meinen emotionalen Tank gefüllt, um mich auf Kurs zu halten. Aber ohne Nachschub waren meine Reserven fast aufgebraucht.

Ein halbes Jahr nach der Abschlussfeier bat mich Gigi, mit ihr meine Mutter zu besuchen. Ich ging mit, weil Gigi mich darum bat, aber ich empfand nichts, als ich meine Mutter sah. Sie war einfach zu einer weiteren Person aus meiner Vergangenheit geworden und würde mich auf meiner Reise in die Zukunft nicht begleiten.

In dieser Phase hätte ich vor allem einen Vater gebraucht, aber meiner konnte den Part nicht übernehmen. Glücklicherweise traten einige andere Männer in mein Leben.

~

An Wochenenden, freien Tagen und in den Ferien sprang Swaney als Gruppenleiter ein. Er kannte sich in Wald und Feld bestens aus, war gut gelaunt und liebenswert wie ein Golden Retriever, sodass man ihn kaum ärgern wollte.

Selbst wir waren berührt davon, dass er seine Frau Anna geheiratet hatte, obwohl er wusste, dass sie Krebs hatte. Sie würden nur wenige Jahre gemeinsam erleben, aber er kümmerte sich jeden Tag um sie.

Swaney wagte es, sieben von uns zu einem einwöchigen Kanuausflug in die Wildnis von Minnesota mitzunehmen. Wir paddelten auf Seen, trugen Kanus und Campingausrüstung über Land, tranken aus sauberen Quellen und zelteten nachts auf Inseln. Wir zogen wilde Hechte aus dem Wasser, reinigten und kochten sie. Wir wurden von riesigen Pferdebremsen zerstochen und rissen uns nach dem Schwimmen die Blutegel vom Körper.

Aber Swaney erweiterte nicht nur meine Outdoor-Erfahrungen. Eines Tages nahm er mich beiseite und sprach mit mir über Sex. »Gott hat Sex als einen Akt der Liebe geschaffen, der eine liebevolle Ehe bereichert«, erklärte er mir. »Er ist Gottes Geschenk, das wir nach der Hochzeit auspacken sollen.«

Das war mir neu. Mädchen galten im Kinderheim nur als Trophäen, die man sammeln konnte – eine Vorstellung, die von den Pornozeitschriften und schmierigen Romanen, die zu unserer

Hauptlektüre zählten, nur verstärkt wurde. Ich lehnte Swaneys Sichtweise ab, aber als Person respektierte ich ihn sehr und ließ mich von seiner Liebe zur Natur anstecken.

~

Bob war Sozialarbeiter, stellvertretender Hausleiter, Umweltschützer, ein großartiger Bogenschütze und Jäger. Obwohl er gar nicht für mich zuständig war, bemühte er sich außerordentlich um mich.

Er nahm mich mit zur Kaninchen-, Eichhörnchen- und Hirschjagd, brachte mir bei, wie man Zeit und Ort am Stand der Sonne ablesen kann und ohne Kompass die Richtung findet.

Die wichtigste Lektion lernte ich allerdings von Bob, als er drei von uns zur Elchjagd mitnahm.

Tagelang entdeckten wir keinen Elch, bis Bob am letzten Tag links abbog und seinen Bogen hob.

Ein riesiger Elchbulle mit einem prächtigen Geweih stand auf einer Lichtung. Ich konnte vor Aufregung kaum atmen.

Elchbullen sind normalerweise allein unterwegs, aber dieser hatte zwei Kühe und mehrere Kälber bei sich. Er hätte sich in die Sicherheit des Waldes flüchten können, aber die Kühe und Kälber wären dann Freiwild gewesen.

Der Bulle wich nicht von der Stelle, hob langsam seinen eleganten Kopf und starrte uns an, als wollte er sagen: »Ihr müsst mich schon erschießen und damit meinen Kühen und Kälbern eine Chance zur Flucht geben.«

Wir hatten unsere Waffen auf die Kühe gerichtet. Bob deutete uns an, dass wir erst feuern durften, wenn er seinen ersten Pfeil abgeschossen hatte.

Aber nichts geschah. *Worauf wartet er?*, dachte ich.

Schließlich ließ er den Bogen sinken. Wir nahmen unsere Gewehre herunter. Der Bulle gab ein Zeichen mit dem Schwanz und die Kühe und Kälber flüchteten in die Wälder. Endlich wandte sich das majestätische Tier selbst um und schritt davon.

Bob sagte kein Wort, als er an uns vorbeiging und sich auf den langen Weg zum Auto machte. Als wir uns zur Rast hinsetzten, gab er uns endlich eine Erklärung. »Jungs, wir sind gekommen, um Elche zu jagen«, sagte er. Wir nickten.

»Wir haben unser Ziel erreicht«, fuhr er fort. »Wir haben diesen Elch gefunden. Sogar einen gewaltigen Bullen. Ob sein Kopf nun bei jemandem an der Wand hängt oder nicht, ist unerheblich. Wir werden immer wissen, dass wir ihn rechtmäßig erlegt hätten, wenn wir gefeuert hätten.«

Nachdem er uns einen Moment Zeit gegeben hatte, um das zu verdauen, sprach er weiter: »Der unglaubliche Mut dieses Bullen und seine selbstlose Haltung haben ihn gerettet. Er hätte wegrennen und wahrscheinlich sein eigenes Leben retten können. Stattdessen entschied er sich, als Zielscheibe stehen zu bleiben, damit die anderen überleben konnten.«

»Unglaublich!«, rief einer der Jungen. »Das war das Krasseste, was ich je gesehen habe!«

»Das war ein großartiges Beispiel für die biblische Aussage: ›Die größte Liebe beweist der, der sein Leben für die Freunde hingibt‹«, schloss Bob. Dann hob er seinen Bogen auf und setzte seinen Weg fort.

Wir gingen ohne Beute nach Hause, aber mit einer Erinnerung, die uns immer begleiten würde. Später dachte ich über die Art von Liebe nach, von der Bob gesprochen hatte. Außer vielleicht Gigi konnte ich mir keinen Menschen vorstellen, der genug liebte, um sein Leben für irgendjemanden zu geben – besonders nicht für mich.

~

Schließlich hatte ich noch Marv. Er war mein Sozialarbeiter und wurde immer wichtiger für mich, auch wenn ich mir das nicht eingestehen wollte.

Marvs größte Herausforderung war ein Konflikt, der mich schon seit Jahren verfolgte.

In einem unserer Gespräche fragte ich ihn: »Werde ich auch eines Tages verrückt werden wie meine Mutter und mein Vater? Wird mein Gehirn ›fehlzünden‹ wie das meiner Mutter? Muss ich mich darauf vorbereiten, mein Leben in psychiatrischen Kliniken zu verbringen?«

Marv bemühte sich sehr, mich davon zu überzeugen, dass meine Geschichte keine Wiederholung der Taten und Reaktionen meiner Eltern sein musste und meine Zukunft anders aussehen konnte als meine Vergangenheit.

»Du bist nicht dazu verurteilt, wie deine Eltern zu werden, Robby«, versicherte er mir. »Aber du musst lernen, deinen Frust und deine Wut zu zügeln. Vor dir liegt ein gutes Leben, aber nur, wenn du dich entscheidest, es anzunehmen.«

Das war schwer zu glauben. Ich wagte gar nicht mehr zu hoffen, denn jede Hoffnung meiner Kindheit war zerschmettert worden. Es gab keinen Beweis dafür, dass Marv wusste, wovon er sprach.

Eines Tages fragte ich ihn: »Wie kann jemand an eine Hoffnung glauben, die er nicht sehen kann?«

Marv seufzte und versuchte es dann andersherum. »Na gut, Robby. Was, wenn du recht hast? Was, wenn du *wirklich* dazu verurteilt bist, wie deine Eltern zu werden? Was machst du dann?«

Er lehnte sich auf seinem Stuhl zurück und dachte wahrscheinlich, er hätte mich so geschockt, dass ich jetzt schweigen würde.

Stattdessen sagte ich: »Ich würde gesund werden, damit keines meiner Kinder das durchmachen muss, was ich durchmachen musste.«

Marv war zu verblüfft, um noch etwas zu sagen. Die Sitzung war beendet.

15 Der Rebell

In der Highschool lebte ich meine Null-Bock-Phase aus und signalisierte gleichzeitig: »Leg dich nicht mit mir an«.

Ein Mädchen, das ich in der achten Klasse sehr gemocht hatte, sagte mir, sie könnte nicht meine Freundin werden, weil ihr Vater Heimkinder nicht leiden konnte. Also gab ich es einfach auf. Auf keinen Fall würde ich darum betteln, dazugehören zu dürfen.

Abfällige Bemerkungen und Seitenblicke auf den Fluren und im Pausenraum ärgerten mich, aber ich unterdrückte die Wut.

Dass ich mich isolierte, stillte den Schmerz der Zurückweisung, aber es stillte nicht den Zorn.

Sport wurde zu einem Ventil für meine aufgestauten Emotionen und hormonelle Energie. Geländelauf, Basketball und Leichtathletik halfen mir, Stress abzubauen. Endlich fühlte ich mich auch zu etwas zugehörig. Ich qualifizierte mich sogar für einen Wettkampf auf Kreisebene. Das war ein enormer Aufstieg – bis ein streitsüchtiger schlaksiger Typ und sein bulliger Kumpel mich im Umkleideraum in die Ecke drängten.

»He, Sportskanone«, brüllte der großmäulige Held, als er mich gegen einen Spind schubste. »Es ist mir egal, was die Stoppuhr sagt. Du bist nicht gut genug für diese Mannschaft. Du hältst dich wohl für einen Superstar, aber du bist reif für eine Abreibung«, erklärte er mit höhnischem Grinsen.

Ich kämpfte, bis sein Kumpel meine Arme packte und hinter meinem Rücken festhielt. Als das andere Großmaul mein T-Shirt hochzog, stieß ich ihn rückwärts gegen den Spind. Den anderen warf ich zu Boden und landete auf ihm. Ich trat nach dem einen und rammte gleichzeitig meinen Kopf gegen den anderen. Sein Kopf schlug auf dem Boden auf, aber er ließ mich nicht los. Schließlich setzte sich das Großmaul auf meine Beine und ich konnte mich nicht mehr rühren. Tagelang tat mir alles weh. Aber ich bekam zufällig mit, wie das Großmaul über seine ramponierten Rippen jammerte und der Schläger Tabletten gegen seine Kopfschmerzen einwerfen musste. Es sprach sich herum: *Wenn du an Mitchell ranwillst, bringst du am besten noch drei Kerle mit.*

Meine Botschaft war laut und deutlich: *Gebt mir nur den kleinsten Grund, euch wehzutun, und ich werde mich nicht zurückhalten.*

John Smith war unser Basketballtrainer. Mit mir hatte er alle Hände voll zu tun. Ich hatte genug Talent, aber meine aggressive, streitlustige, großspurige Haltung passte nicht zu seinem Spielstil. Er war ein Gentleman.

Zudem hielten viele Eltern nicht besonders viel von mir, was auch an meiner rebellischen Frisur lag. Viele nannten mich den »langhaarigen Hippierüpel«.

»Auf die Bank mit ihm, bis er sich die Haare schneidet!«, brüllte normalerweise immer irgendjemand bei den Spielen.

In der Zeit wurde ein weiterer Erwachsener wichtig in meinem Leben: Dave war direkt vom College zu uns gekommen und trug immer ein weißes Hemd und eine konservative Krawatte. Er sprudelte vor schlauen Theorien, wie man uns armen jugendlichen Kriminellen helfen konnte.

Ich hatte Typen wie Dave kommen und gehen sehen. Manche bereiteten sich auf ihre Magisterabschlüsse in Sozialwissenschaften vor und wir waren ihr Praxisprojekt. Viele saßen nur ihre Zeit ab. Die meisten waren in reichen Familien mit fürsorglichen Eltern aufgewachsen und hatten nie einen solchen Mangel an finanziellen, körperlichen und emotionalen Bedürfnissen erlebt wie wir. Unsere Wut traf sie völlig unvorbereitet. Obwohl sie es gut meinten, fielen wir über die meisten her und machten sie nieder –

und jubelten dann über den Machtrausch, den wir verspürten, wenn sie gingen.

Noch ein Weißhemd, grinste ich, als Dave kam. *Wir werden ihm für sein Geld schon was bieten. Er hat keine Chance.*

Dave war kleiner als die meisten von uns und trug eine Brille, die immer von seiner Nase zu rutschen schien.

Wir hielten ihn außerdem für total naiv. Ein paar von uns schlossen Wetten ab, in welcher Rekordzeit wir ihn vertreiben könnten. Die meisten von uns setzten ihr Geld auf weniger als einen Monat.

Motiviert von der hohen Gewinnsumme überhäuften wir den armen Mann mit üblen Beschimpfungen. Am Ende seiner ersten Woche stand er unter Schock. Sein Studium hatte ihn nicht darauf vorbereitet, mit einer solchen Wut und Respektlosigkeit fertig zu werden.

Ich bin mir sicher, dass er am liebsten gebrüllt hätte: »Hey, Jungs, ich bin hier, um euch zu helfen! Macht mal halblang!« Aber bei uns machte keiner halblang; wir waren nicht nur undankbar, sondern geradezu boshaft.

Irgendwie hielt Dave durch. Innerhalb weniger Wochen bemerkten wir eine Veränderung. Offenbar hatte er beschlossen, unsere Beleidigungen durchzustehen. Vielleicht faszinierten wir ihn irgendwie, wahrscheinlich riss er sich aber einfach nur zusammen und setzte sich entschlossen ein Ziel. Er wollte unbedingt versuchen, uns zu verstehen. Wer gewettet hatte, dass wir Dave innerhalb eines Monats vertreiben könnten, verlor sein Geld. Er blieb und zeigte ehrlich, dass wir ihm wichtig waren. Er verdiente sich unseren zähneknirschenden Respekt.

Trotz Daves Einfluss geriet ich immer mehr in Schwierigkeiten. Die Basketballsaison war vorbei und ich hatte zu viel Freizeit. Nichts konnte die dunklen Schatten beiseiteschieben.

Schon bald rutschte ich tiefer in ein asoziales und zielloses Leben. Ich begann, mit Alkohol und Marihuana zu experimentieren. Wahrscheinlich hätte ich noch mehr Drogen ausprobiert, wenn ich nicht solche Angst gehabt hätte, erwischt zu werden. Die vierundzwanzig Stunden, die ich im *Audy-Heim* in Chicago verbracht hatte, als ich acht Jahre alt war, waren ein Albtraum, den ich nicht wiederholen wollte – niemals.

Drogen auszuprobieren, war zum Teil Rebellion, aber auch der Versuch, kurzzeitig den inneren Schmerz zu betäuben. Und der Schmerz wurde schlimmer. Wie viele Jungen, die ich kannte, fing ich an zu denken: *Ich habe Schmerzen. Ich sehe keine Erleichterung für diesen Schmerz. Wenn ich so leiden muss, dann werden andere Leute auch leiden müssen.*

Ich wollte diese Grenze nicht überschreiten. Aber langsam verlor ich den Kampf.

Nichts schien mehr mein Interesse wert zu sein. Die Verzweiflung versperrte mir den Blick dafür, dass die Hoffnung mich noch nicht aufgegeben hatte – und dass etwas auf mich zukommen sollte, was ich mir niemals hätte vorstellen können.

16 Rettungsschwimmer

Im Sommer vor meinem letzten Highschool-Jahr gab es endlich einmal gute Nachrichten für mich. Ich war in einem kirchlichen Sommerlager in Wisconsin als Rettungsschwimmer und Schwimmlehrer engagiert worden.

Ich war schon öfter dort gewesen, hatte Schwimmen gelernt und an den Bibelarbeiten teilgenommen, was keinen bleibenden Eindruck bei mir hinterlassen hatte.

Das wird super!, dachte ich. *Einen ganzen Sommer lang kann ich dem Kinderheim entkommen und den Mädels hinterherlaufen!*

Es wäre eine Untertreibung zu sagen, dass ich mich auf diese Aussicht freute.

Die Mitarbeiter im Sommerlager waren raue Kerle wie mich nicht gewöhnt. Zwar schickten sie mich nicht zurück ins Heim, aber sie duldeten auch keine Fehltritte.

»Solche Wörter benutzen wir hier nicht«, sagten mir die Mitarbeiterinnen. »Wir lachen gern, Robby, aber nicht über schmutzige Witze.«

Die Botschaft war klar: Wer aus der Reihe tanzt, kriegt Ärger.

Trotzdem machte es mir Spaß, mit den Kindern zu arbeiten. Jeden Sonntag kamen ungefähr einhundert neue an und wurden auf Hütten verteilt, in denen jeweils acht Kinder und ein Betreuer untergebracht waren.

Tagsüber gab es kreative, handwerkliche und sportliche Angebote. Ich gab morgens bis nachmittags Schwimmunterricht, war

Rettungsschwimmer und brachte den Kindern Kanufahren und Segeln bei.

Die Abende machten auch Spaß, aber Bibelarbeiten, Vorträge und Lieder standen im Vordergrund und ich begann, mich unwohl zu fühlen. Die meisten Mitarbeiter im Sommerlager waren ruhig, glücklich, voller Hoffnung – das war nicht meine Welt.

Die Betreuer im Collegealter sprachen begeistert über »geistliches Wachstum« und freuten sich auf ihre Zukunft. Ihre positive Lebenseinstellung wirkte anziehend auf mich, aber meine Abwehrhaltung und Arroganz verhinderten eine Annäherung.

Natürlich sind sie begeistert vom Leben, murrte ich. *Sie wohnen ja auch nicht im Waisenhaus und haben verrückte Eltern.*

Jedes mögliche Interesse an geistlichen Themen erlosch in dem Augenblick, als eine blonde Pastorentochter auftauchte, um eine Woche lang mitzuarbeiten. Mir fielen beinahe die Augen aus dem Kopf, mein Blut pulsierte in den Adern und meine Hormone schalteten einen Gang höher.

Einige Mitarbeiterinnen spürten, dass ich auf der Jagd war. »Er ist ein Wolf«, warnten sie das Mädchen. »Vertrau ihm nicht.«

Eines Abends lauerten sie mir auf. »Hör zu, Freundchen«, drohte ihre Anführerin. »Wenn du dich irgendwie unangemessen verhältst, sorgen wir höchstpersönlich dafür, dass du dafür büßen musst.«

Als ob mich das kümmerte! Mein Zielobjekt war nur eine Woche lang da. Ich hatte sie im Visier und die Jagd war eröffnet.

Trotz der Warnungen ließ die junge Frau mich nicht abblitzen. Zwar sandte sie keine Signale aus, dass sie offen war für ein Abenteuer, aber ich war überzeugt, dass sie leichte Beute war.

Doch als ich sie ein bisschen kennengelernt hatte, war mir klar, dass ich danebenlag.

Sie schien sich in meiner Gegenwart kein bisschen unwohl zu fühlen. Sie hatte Eigenschaften, die ich noch nie zuvor bei jemandem gesehen hatte. Ich staunte über ihren unglaublichen inneren Frieden. Und es war offensichtlich, dass sie wusste, wer sie war, und sich nicht bedroht fühlte.

Das ist echt schräg, dachte ich. Jedes halbwegs clevere Mädchen wusste, dass meine Absichten alles andere als redlich waren. Warum wies sie meine Annäherungen nicht zurück?

Wir küssten uns ein paar Mal, aber mehr wollte ich inzwischen gar nicht mehr. Vorher war mir der Ruf eines Mädchens – und mein eigener – immer egal gewesen. Ihre Unschuld stellte jedoch meine Pläne auf den Kopf.

Am Tag vor ihrer Abreise paddelten wir mit einem Kanu auf den See hinaus und unterhielten uns. Sie sagte: »Erzähl mir von deiner Beziehung zu Jesus.«

Ich murmelte ein oder zwei vage Sätze und brach dann ab. Ich würde sie nicht anlügen. »Ich habe keine«, gab ich zu. »Ich glaube nicht an Jesus. Das Leben und Gott haben mich im Stich gelassen und mir bleibt nichts übrig, als selbst das Beste aus meinem Leben zu machen, so gut ich kann.«

Ich erwartete, dass sie schockiert und enttäuscht wäre, aber das war sie nicht. Ich dachte, sie würde mir die kalte Schulter zeigen und mich auffordern, sie wieder ans Ufer zu bringen, aber stattdessen hörte sie mir aufmerksam zu, als ich zaghaft von meiner Kindheit erzählte.

Als ich fertig war, sagte sie leise: »Vielleicht wirst du den Frieden finden, den du jetzt nicht hast, wenn du Gott in dein Leben lässt.«

Ich protestierte. »Du hast leicht reden. Du hast Eltern, die sich um dich kümmern. Verglichen mit dem, was ich durchgemacht habe, war dein Leben ein Spaziergang.«

»Gott sind alle Menschen wichtig, egal, wie die Umstände sind«, erwiderte sie. »Ich weiß, dass du es schwer hattest, aber er hat versprochen, dass es einen besseren Weg gibt, wenn wir ihm vertrauen.«

»Klar«, murmelte ich und wendete das Kanu Richtung Ufer.

Mich am nächsten Tag von ihr zu verabschieden, fiel mir unendlich schwer. Ich wollte mehr von dieser Frau und dem Frieden, den sie zu bieten schien.

Wochenlang verfolgten mich ihre Worte. *Konnte das wahr sein?*

Konnte jemand wie ich Gott wirklich wichtig sein? Die Beweise, die ich gesammelt hatte, schienen nicht für ihn zu sprechen.

Übersehe ich etwas?, fragte ich mich. Sie hatte ganz offenkundig einen Frieden, den ich nicht hatte. Die meisten Mitarbeiter ebenso. *Aber sie kommen aus einer anderen Welt. Ich bin nicht gut genug für diese Welt.*

Ich erinnerte mich an einen Satz von ihr: »Gott hat Mose, David und Paulus vergeben, obwohl jeder von ihnen jemanden umgebracht hatte. Er vergibt jedem, der ehrlich um Vergebung bittet, egal, was derjenige getan hat.«

Wenn Gott diesen Kerlen vergeben konnte, vergibt er mir vielleicht auch alle Fehltritte, überlegte ich. *Wenigstens habe ich niemanden umgebracht.*

Ich schlug mich den restlichen Sommer mit diesen Fragen herum, sprach aber nicht mit den Lagermitarbeitern darüber. Es war eine persönliche Reise. Ich wollte nicht von einem enthusiastischen Rettungsversuch überrollt werden.

Als ich im Herbst 1971 ins Kinderheim zurückkam, stellte ich überrascht fest, dass mein Schlafraum in zwei kleinere Zimmer unterteilt worden war. So hatte ich in meinem letzten Jahr vor dem Highschool-Abschluss endlich ein eigenes Zimmer mit Schreibtisch – und alle Schubladen gehörten mir allein. An die Stille und Privatsphäre musste ich mich erst einmal gewöhnen. Aber ich würde sie noch brauchen.

17 Bist du wahr?

Jahrelang waren wir Heimkinder zur Kirche in Princeton geschleppt worden. Nola hatte uns Geschichten aus der Bibel vorgelesen. Vor jedem Essen wurde gebetet. Aber nichts davon hatte irgendeine Bedeutung für mich gehabt.

Alles hatte bloß wie eine langweilige Geschichtsstunde oder eine Geschichtensammlung ohne Bezug zu meinem Leben geklungen. Mich hatten mehr die Angebote für Teens interessiert und ob ich die Mädchen im Gottesdienst zum Kichern bringen konnte.

Aber nachdem ich dieses Mädchen kennengelernt hatte und mir wünschte, so reden und handeln zu können wie sie, fand ich es an der Zeit, mal ernsthaft einige der Kapitel über Jesus zu lesen, von denen sie gesprochen hatte. In meinem neuen eigenen Zimmer konnte ich die Bibel aus der untersten Schublade holen, in der ich sie verstaut hatte, ohne mich verteidigen oder die sarkastischen Kommentare meiner Zimmergenossen ausblenden zu müssen.

Beim Lesen sprangen mir verschiedene Punkte ins Auge.

Dieser Kerl wurde hungrig, durstig und müde. Er hat sich sogar die Füße schmutzig gemacht. Darüber hatte ich noch nie nachgedacht.

Er wurde von denen im Stich gelassen, denen er vertraut hatte. Damit konnte ich mich identifizieren.

Dann las ich einen Vers, der mich vom Hocker haute. *Dieser Mann hat gesagt, dass er Gott ist!* Der hatte vielleicht Nerven. Er behauptete nicht nur, Gott zu verstehen oder eines von Gottes Kindern zu sein. Er behauptete, Gott zu sein!

Offenbar war diese Behauptung so anstößig für die religiösen Anführer seiner Zeit, dass sie einen Plan schmiedeten, ihn umbringen zu lassen. Ich hatte es schwer gehabt, aber wenigstens hatte niemand ein Kopfgeld auf mich ausgesetzt!

Als Dave, das »Weißhemd«, das bei uns durchgehalten hatte, mein neues Interesse erkannte, lieh er mir ein Buch mit dem Titel *Pardon, ich bin Christ* von C. S. Lewis. »Der Autor war eine intellektuelle Größe und Atheist, bevor er Christ wurde«, sagte Dave. »Könnte sein, dass dich seine Argumentation bei deiner Beschäftigung mit diesem Thema interessiert.«

Ich las, dass Lewis nach viel Forschen und Nachdenken erkannt hatte, dass ein intelligenter Suchender zu einer von drei Schlussfolgerungen kommen musste: Entweder war Jesus ein Verrückter, oder er log mit seiner Behauptung, er sei Gott – oder er war tatsächlich der, der er zu sein behauptete.

Offenbar war ich, wie Lewis, gezwungen, eine Entscheidung zu treffen. Es gab keine Grauzone; entweder war ich für diesen Jesus oder gegen ihn.

Der Mann hat gesagt, er sei Gott. Wenn das wahr ist, passe ich lieber auf. Wenn er es nicht ist, dann muss alles andere, was er gesagt hat, das verrückte Gelaber von jemandem wie meiner Mutter sein.

Mir war klar, dass es von einem Verrückten nichts zu lernen gab.

Ich nahm mir wieder die Bibel vor und las weiter. Es überraschte mich, dass Jesus wütend wurde. Sauer zu werden, war ein Gefühl, das ich gut kannte. Aber sein Zorn war anders.

Heuchelei machte uns beide wütend; das fand ich gut. Er war frustriert über bestimmte Leute, das ging mir auch so. Aber er war nicht frustriert darüber, was ihm angetan worden war, sondern dass Menschen nicht einmal darüber nachdenken wollten, wie Gottes Plan für sie aussehen könnte.

Ich war mir nicht sicher, ob es einen göttlichen Plan für mich gab. Aber ich musste zugeben, dass es, sollte es einen Schöpfer des Universums geben, klug wäre, herauszufinden, ob er einen Plan hatte – und wenn ja, dem zu folgen.

Ich stellte fest, dass Jesus ziemlich oft über das ewige Leben sprach. Ich machte mir mehr Gedanken darüber, wie ich älter als zwanzig werden konnte. Trotzdem kam ich nicht umhin, mich zu fragen: *Wenn tatsächlich noch mehr kommt, auch die Ewigkeit, gäbe es dann Hoffnung für mich, wenn ich mich ändere?*

Jesus sagte, dass Gottes Geist in mein Herz kommen und mich verändern würde. *Wie kann etwas wie Gottes Geist in meinen Körper, in mein Herz passen? Wie kann ich an etwas glauben, das ich nicht sehen oder anfassen kann?*

Diese Überlegungen beschäftigten mich einige Tage lang. Dann dämmerte es mir: Ich hatte einen physischen Körper, der bereits drei Teile enthielt, die ich nicht sehen konnte – Verstand, Gefühl und Wille. Mein Verstand sagte mir oft, dass ich nicht schlau genug war, um ans College zu gehen; meine Gefühle sagten, dass ein Kind aus einem Waisenhaus es nicht verdiente, ans College zu gehen; dennoch kämpfte mein Wille dagegen an und beharrte darauf, dass ich ans College gehen, Erfolg haben und über meine Kindheit hinauswachsen würde.

Wenn also Verstand, Gefühl und Wille, die unsichtbar sind, die ich nicht anfassen kann, die aber sehr, sehr real sind, in jemandem wie mir leben können, ist es dann möglich, dass vielleicht – wirklich nur vielleicht – Gottes Geist auch in mir leben kann?

Das alles war schwer zu verstehen. Die Gedanken, die mir durch den Kopf schwirrten, fingen schon an, ineinanderzurasen. Ich brauchte einen Gesprächspartner, der mir half, das alles zu sortieren.

Dave steuerte mit mir durch das Dickicht. Er ließ mich reden, hielt mir keine Predigt und belehrte mich nicht. Er hörte zu und warf hin und wieder eine Frage auf, über die ich nachdenken sollte. Mir rauchte das Hirn.

Ich las weiter und stieß auf die Aussage von Jesus, dass Diebe kommen, um zu stehlen, zu töten und zu zerstören – während er gekommen war, damit wir Leben »im Überfluss« haben können. Stehlen, töten, zerstören – das war mir bestens vertraut. Mir war das Gefühl einer normalen Kindheit gestohlen worden; jede Hoffnung auf eine normale Zukunft war vor langer Zeit zerstört worden. Bot Jesus mir – und anderen verbitterten, wütenden Menschen – tatsächlich heute Hoffnung auf ein besseres Leben an? Das klang ziemlich ungeheuerlich.

Meine Zukunftsaussichten waren nicht besonders rosig. In weniger als einem Jahr würden die Mitarbeiter mir eine Fahrkarte zu einem Ort meiner Wahl zusammen mit den besten Wünschen überreichen. Das war's dann.

Der Gedanke, ohne nahe Verwandtschaft und ein finanzielles Polster auf mich allein gestellt zu sein, war ziemlich beängstigend. Zwar gab es die Chance auf einen Platz am College, aber das war für mich auch nicht der goldene Schlüssel zu einem sorglosen Leben. Meine Eltern waren beide auf dem College gewesen und ihr Leben war trotzdem im Eimer.

Ich wusste nur, dass ich einen Weg finden musste, dem Kreislauf von Versagen zu entfliehen, der andere Jungen aus dem Heim gefangen hielt. Ich wollte glauben, dass ich über meine turbulente Kindheit hinauswachsen konnte. *Kann dieser Jesus die Lage tatsächlich verändern?*

Wenn ich auf biblische Berichte stieß, wie Jesus die Kranken, Blinden und Tauben heilte, las ich darüber hinweg. *Das betrifft mich ja nicht*, dachte ich. *Ich bin Sportler in gleich mehreren Disziplinen!*

Aber eines Tages erwischte Dave mich eiskalt. »Hat das Leben dich nicht vielleicht emotional krank gemacht, Robby?«, fragte er. »Bist du vielleicht wie die hartherzigen Menschen, von denen du gelesen hast? Ist es möglich, dass dein Stolz dich für Gottes Verheißungen blind gemacht hat? Macht deine Angst vor dem Vertrauen dich taub für diejenigen im Sommerlager, die sagten, Jesus habe ihr Leben verändert?«

Ich bat um Zeit, um über seine unbequemen Fragen nachzudenken. *Die Mitarbeiter im Sommerlager waren wirklich anders*, gestand ich mir ein. *Vielleicht hätte ich zuhören sollen, was sie zu sagen hatten, statt sie aufgrund ihrer problemlosen Kindheit nicht ernst zu nehmen.*

Bei unserem nächsten Treffen sagte ich Dave, dass ich noch keine Antwort hatte. »Worüber soll ich sonst noch nachdenken?«, fragte ich.

»Sag mir, Robby, wie erklärst du dir die Sache mit den Männern, die am engsten mit Jesus zusammenlebten und ihn dann am Kreuz sterben sahen? Sie begruben seine Leiche und behaupteten anschließend, gesehen zu haben, wie er aus diesem Grab auferstanden war, genau wie er versprochen hatte. Beinahe alle diese Männer wurden später gefoltert und umgebracht, weil sie jedem, der es hören wollte, gesagt hatten, dass Jesus von den Toten auferstanden war.«

Ich zuckte die Schultern. »Ich weiß nicht, ob sie gelogen haben, Dave. Aber ich würde ganz sicher keine elf Kerle wie mich finden, die Folter und einen entsetzlichen Tod mitmachen, nur um der Welt irgendeinen Streich zu spielen.«

Dave nickte. »Hast du von den über fünfhundert Männern gelesen, die behaupteten, sie hätten ihn nach seiner Auferstehung gesehen? Das waren keine engen Freunde oder Jünger, sondern ganz normale Leute. Aber was sie sahen, hörten und in ihrem Inneren fühlten, muss sie wirklich verändert haben.«

Bei unserem nächsten Treffen sagte ich zu Dave: »Ich weiß, dass ein Kind um Vergebung bitten soll, wenn es seinen Eltern gegenüber ungehorsam war. Und mir ist auch klar, dass ich Dinge gesagt und getan habe, von denen die Bibel sagt, dass sie falsch sind. Aber ich kapiere einfach nicht, warum ich mich bei einem Gott entschuldigen soll, der nie für meine Eltern oder mich da gewesen ist.«

Dave dachte eine Weile nach, bevor er antwortete. »Waren deine Eltern vielleicht einfach zu stolz, um Gott um Hilfe zu bitten? Und haben dein Stolz und dein Zorn vielleicht auch dein Herz verhärtet? Du bist so oft verletzt worden, dass du Angst hast, anderen zu vertrauen.«

Seine nächste Frage schmerzte: »Kann es sein, dass dein Bild von deinem eigenen Vater so schlecht ist, dass du gar nicht offen bist dafür, dir Gott als geistlichen Vater vorzustellen?«

Ich spürte, dass etwas an meinem verschlossenen Inneren rüttelte, aber das alles war mir nicht geheuer. Ich war noch nicht bereit, mich zu öffnen, und sagte, dass ich noch Zeit zum Nachdenken brauchte.

Daves Worte spukten mir tagelang durch den Kopf. Am Ende war mir klar, dass alles auf ein einziges Thema hinauslief: *Wie werde ich mich in dieser Jesussache entscheiden? Halte ich ihn für einen Verrückten wie meine Mutter, oder riskiere ich ein letztes Mal Hoffnung und glaube, was er über sich sagt?*

An einem Septembernachmittag 1971 im Alter von siebzehn Jahren traf ich die Entscheidung. In meinem winzigen Zimmer kniete ich mich hin. *Jesus*, betete ich, *wenn du wahr bist, komm rein in meinen Albtraum. Vergib mir und verändere mich. Wenn du mich wirklich veränderst, gehöre ich für immer dir. Wenn nicht, bist du ein Lügner und eine Witzfigur.*

Das war nicht gerade ein Bilderbuchgebet. Ich hörte keine Engelschöre und erlebte keine geistliche Ekstase.

Aber irgendwie wusste ich, dass der Gott des Universums mich trotz meines schwachen Glaubens ganz tief berührt und etwas verändert hatte.

Zum ersten Mal seit Jahren konnte ich kaum erwarten, was wohl als Nächstes passierte.

18 Neustart

Wenn das ein Neuanfang war, war ich mir noch nicht so sicher, ob ich ihn gut fand.

Zum einen waren die Prügeleien immer noch ein Problem. Laut Hackordnung war der taffeste Hund der Anführer. In meinem letzten Jahr an der Highschool hätte mich niemand, der auch nur halbwegs klar denken konnte, herausfordern sollen. Aber einige meiner »Mitinsassen« glaubten, es besser zu wissen.

Einer hatte es besonders auf mich abgesehen. Statt ihn zu verdreschen, kitzelte ich ihn, bis er aufgab. Wenigstens hatte er nach dem Kitzeln nicht noch ein oder zwei Wochen blaue Flecken.

Mit einem anderen wurde ich nicht so leicht fertig. Er legte es darauf an, Leitwolf zu sein.

Eines Tages hatten wir einen heftigen Streit und brüllten uns gegenseitig an. Ich wusste, dass er nur darauf lauerte, dass ich als Erster zuschlug, damit ihn nicht die Schuld traf.

Mein altes Ich wollte ihm unbedingt eine Lektion mit der Faust im Gesicht erteilen.

Aber plötzlich erinnerte ich mich an die Worte von Jesus: »Halte auch die andere Wange hin« und drehte mich um. Ich stürmte in mein Zimmer, knallte die Tür zu und bedauerte, dass es kein Blut gegeben hatte. Ich packte meine Bibel und schleuderte sie quer durch den Raum.

Ich habe gerade eine Chance vertan, diesen Idioten zu vermöbeln und ihm klarzumachen, wer hier der Chef ist! Bin ich blöd, weil ich ihm nicht die Fresse poliert habe? Ich brauche sofort eine Antwort! Rede mit mir!

Die Bibel landete aufgeschlagen, aber anders herum, mit den Seiten nach unten auf meinem Bett. *Anders herum? Ist das vielleicht die Antwort?* Ich hoffte, einen Abschnitt voller Zorn zu lesen, in dem so etwas stand wie: »Geh hin und erschlage tausend Leute und lass ihr Blut auf die Felder fließen.«

Ich drehte das Buch um. Dann las ich den Vers: »Eine freundliche Antwort besänftigt den Zorn.« *Das wollte ich gerade nicht hören!*

Ich war schon oft verprügelt, runtergeputzt und bloßgestellt worden, aber selten gedemütigt. Dieses dreitausend Jahre alte kluge Sprichwort über Freundlichkeit und Selbstbeherrschung zu lesen, war aber eine demütigende Erfahrung.

Meine Wut legte sich. *Vielleicht ist das alles ja gar nicht antiquiert. Vielleicht kann selbst jemand wie ich ganz praktisch was damit anfangen.*

Die Bibel hinzuwerfen und Gott anzubrüllen, war vermutlich sonst nicht so schlau, aber dieses Sprichwort war nicht zufällig aufgetaucht. Offenbar war ich Gott nicht egal und er hatte mir eine Nachricht geschickt.

An jenem Tag wurde unsere Beziehung tiefer. Ich begann zu glauben, dass der Schöpfer des Universums mich tatsächlich kannte und mir zeigen wollte, was ich besser machen konnte – wenn ich mich darauf einließ.

Auch sonst erlebte mein Leben einen Neustart. Für das Herbstsemester wurde ich am *Guilford College* zugelassen.

»Es wird einfacher und auf jeden Fall billiger, wenn ich mit ein paar Freunden vom Sommerlager in Chicago studiere«, hatte ich zu Gigi gesagt. »Das Stipendium für Guilford umfasst nur die Studiengebühren. Zimmer, Verpflegung, Studienmaterialien, Reisekosten und diverse andere Ausgaben müsste ich selbst bezahlen.« Aber Gigi verblüffte mich. »Ich möchte, dass du wenigstens ein Jahr lang nach Guilford gehst, Robby«, sagte sie bestimmt. »Geh für mich. Wenn es dir nach diesem Jahr absolut nicht gefällt, werden wir einen Weg finden, wie du hier in Illinois ans College gehen kannst.«

Gigi hatte mich noch nie um einen so großen Gefallen gebeten. Wie konnte ich da Nein sagen? Auch wenn es mir ganz und gar nicht gefiel, so weit wegzugehen und meine neuen Freunde aus der Kirche und dem Sommerlager zurückzulassen.

Wenn die Leute mich fragten, was ich nach dem Schulabschluss machen würde, erklärte ich stolz: »Ich gehe ans College nach North Carolina.« Die meisten anderen Heimkinder, die ich kannte, konnten nur die Schultern zucken und »Ich weiß nicht« murmeln.

Aber der Gedanke, auf mich allein gestellt zu sein, ohne irgendjemanden, an den ich mich anlehnen konnte, machte mir trotz meiner Härte nach außen hin Angst.

Wegweisung für die Zukunft kam schließlich von unerwarteter Stelle an einem schönen Frühlingsnachmittag kurz vor dem Highschool-Abschluss. Schweigend arbeitete ich mit Tony Martin, dem Gärtner und Handwerker des Kinderheims, im Garten. Er redete nie viel. Dann unterbrach Tony plötzlich das Harken. Schweiß tropfte von seiner ledrigen Stirn. Er drehte sich um und schaute mir direkt in die Augen. »Robby, ich möchte dir etwas sagen.«

Ich starrte ihn an. In meinen vierzehn Jahren im Heim hatte Tony seine Arbeit nie unterbrochen, um einfach mit mir zu reden.

»Ich bin schon lange hier, Robby, und ich habe Hunderte von Kindern kommen und gehen sehen. Du bist das erste, das das Potenzial hat, Arzt, Rechtsanwalt oder irgendwas anderes Großes zu werden. Ich möchte dich nur um eins bitten: Wenn du es geschafft hast, vergiss Leute wie mich nicht.«

Meine Augen wurden noch größer – nicht nur, weil der schroffe alte Tony mit mir geredet hatte, sondern weil noch nie jemand auf diese Art und Weise mit mir gesprochen hatte.

Ich sagte – und meinte dabei jedes Wort: »Tony, ich werde mich an diesen Augenblick erinnern. Und ich werde mich ehrlich bemühen, Sie und Leute in Ihrer Situation niemals zu vergessen.«

»Vergiss Leute wie mich nicht«, wiederholte er. Dann drehte er sich um und harkte wortlos weiter.

Ich wusste, was er meinte. Es war seine Art zu sagen, dass jeder seinen Wert hat, dass auch Menschen, die weniger »wichtig« sind, Gefühle, Hoffnungen, Träume und Bedürfnisse haben.

Er sah Potenzial in mir, als ich nur einfach überleben wollte. Und er forderte mich auf, nicht zu vergessen, wie es war, ein Ausgestoßener der Gesellschaft zu sein.

Ich weiß, was Sie meinen, dachte ich. *Ich verspreche, niemals zu vergessen, wie es ist, wenn andere einen für unwichtig halten.*

Den letzten Sommer meiner Kindheit verbrachte ich wieder im Sommerlager. Es fühlte sich anders an. Ich war nicht vollkommen, mein neues und mein altes Ich rangen noch miteinander, aber ich war längst nicht mehr so wild. Wer mich im Jahr zuvor kennengelernt hatte, bemerkte den Unterschied und freute sich. Die Mitarbeiter sahen, dass ich erst noch am Anfang meines neuen Lebens war, aber ich war ihnen so wichtig, dass sie über meine Ecken und Kanten hinwegsahen.

Anschließend besuchte ich Gigi.

Um den Abschied machten wir keine große Sache. Immerhin würde ich sie mehrmals im Jahr anrufen und besuchen. Als wir uns umarmten, gab sie mir ein Versprechen mit auf den Weg, das gleichzeitig eine Warnung war: »Ich habe immer noch vor, so lange zu leben, bis du deinen College-Abschluss machst und heiratest, Robby.«

»Ich werd' dich dran erinnern, Gigi«, sagte ich, und wir grinsten beide.

Zurück im Heim, verabschiedete ich mich von allen Mitarbeitern und vielen Kindern.

Zu guter Letzt kam Nola an die Reihe.

Jemand anderes passte auf ihre Gruppe auf, sodass wir einen langen Spaziergang machen konnten. Sie sprach mitfühlend, aber nicht schnulzig oder pathetisch von dem kleinen Hündchen, das ich gewesen war, als sie im Kinderheim angefangen hatte. Sie erinnerte sich daran, wie die Mitarbeiter sich um meine seelische

Gesundheit gesorgt hatten und wie ich in der zweiten Klasse fast die ganze Nacht geweint hatte, als ich alle Hoffnung verlor.

Sie erzählte, dass sie mit mir gelitten hatte, als ich nach der Entführung durch meine Mutter wiederkam. Nola wusste, dass damit für mich ein bitterer Weg begonnen hatte, der durch meine Verwandten in Atlanta, die mich scheinbar nicht akzeptierten, nur noch schlimmer wurde.

»Aber wir haben nie aufgehört, für dich zu beten«, sagte sie. »Ich habe die Hoffnung nie aufgegeben, dass du dich eines Tages dafür entscheiden würdest, aus deiner Dunkelheit herauszukommen. Ich bin so froh, dass ich miterleben konnte, wie du dich auf deine geistliche Reise gemacht hast.«

Während wir über andere Kindheitserinnerungen lachten, kam mir plötzlich ein Gedanke: *Ist das so ein Gespräch, wie es normalerweise zwischen einer Mutter und ihrem Sohn stattfindet?* Ich wünschte, ich hätte so etwas erlebt.

Plötzlich wandte sich Nola zu mir. Sie streckte die Arme nach oben und nahm mein Gesicht in ihre Hände – wie sie es immer tat, wenn sie dafür sorgen wollte, dass einer ihrer Jungen ihr zuhörte.

Ihre Augen waren feucht, als sie wiederholte, was sie mir so oft gesagt hatte, als ich noch einer ihrer »Kleinen« war: »Vergiss nie, Robby: Gott liebt dich, und ich liebe dich auch.«

Ich hatte einen dicken Kloß im Hals und konnte nicht aussprechen, was ich gern gesagt hätte: »Danke, dass du mich geliebt hast, dass du unaufhörlich für mich gebetet hast, dass du an mich und viele andere kleine Jungen geglaubt hast.« Ich konnte nichts weiter tun, als sie festzuhalten und heiser »Danke« zu stammeln.

Sie küsste mich auf die Wange, wünschte mir Glück und ging zurück, um sich der Herausforderung zu stellen, zwölf kleine Jungen ins Bett zu bringen.

Bevor ich fuhr, versuchte ich noch, mich bei Einzelnen zu entschuldigen: bei Jungen, die ich verletzt, und bei Mädchen, die ich nicht wie ein Kavalier behandelt hatte.

Großzügig wie immer bot mir mein Cousin Art an, mich nach North Carolina zu fahren. Ich lud meine Habseligkeiten in sein

Auto: Gitarre, Plattenspieler, Plattensammlung, zwei Koffer mit Kleidung, eine Bibel, ein Sparbuch und eine Abrechnung meiner Aktien.

Als wir aus Princeton hinausfuhren, blickte ich nicht zurück. Ich genoss nur das Gefühl der Freiheit. Endlich war ich aus dem Waisenhaus heraus, wo ich so lange so viele Schwierigkeiten überstanden hatte.

Jetzt war ich auf mich allein gestellt, ohne Familie und ohne Zuhause. Aber mit zwei drängenden Fragen: Würde ich es schaffen? Und würde ich je meine Kindheit hinter mir lassen können?

Das *Guilford College* war eine andere Welt. Das war mir nur recht, ich war bereit, mich neu zu erfinden.

Zunächst begrub ich den Robby aus dem Waisenhaus und wurde Rob. Ich schwor mir, dass ich mich nie wieder von jemandem zu einem Menschen zweiter Klasse machen oder für etwas verurteilen lassen würde, das meine Eltern getan hatten.

Am College mitzukriegen, wie es den anderen Studenten erging, die aus intakten Elternhäusern und Familien kamen, war gar nicht so einfach.

Wenn sie Schwierigkeiten hatten oder frustriert waren, riefen sie zu Hause an. Sie bekamen Briefe, in denen stand, wie es den anderen Familienmitgliedern gerade ging. Ihre Mütter riefen oft an und fragten nach, ob alles gut lief, ob sie Geld brauchten, welche Noten sie bekommen hatten und ob sie jemanden kennengelernt hatten. Ich beneidete sie.

Ich telefonierte jeden Sonntagnachmittag mit Gigi, aber vertraute ihr nicht mein Inneres an. Sie würde meine Gefühle nicht verstehen und ich wollte sie nicht beunruhigen. Wieder einmal fühlte ich mich wie in einer einsamen Wüste.

Ich bemühte mich um Beziehungen zu anderen Christen. Dabei kam ich in Kontakt mit einigen geistlich reifen Männern und Frauen im Ruhestand. Sie halfen mir, die alte Quäker-Disziplin zu erlernen, still dazusitzen und darauf zu warten, dass Gott spricht. Aber als ich anfing, so zu meditieren, war ich mir nicht sicher, wie ich reagieren würde, wenn Gott tatsächlich zu mir spräche.

Wahrscheinlich würde ich glauben, bald in einer psychiatrischen Klinik zu landen wie mein Vater – oder auf der Straße wie meine verrückte Mutter.

Die Mentoren, von denen ich lernte, erinnerten mich an das Versprechen der Bibel, dass wir Gott finden, wenn wir ihn suchen. Sie erklärten, dass christliche Meditation ein Prozess ist, bei dem man sich selbst leer macht, um sich von Gott füllen zu lassen.

Es kostete mich viel Anstrengung, meinen Bewegungsdrang und mein Hirn runterzufahren, um innehalten, zuhören und auf Gott warten zu können – und seien es nur ein paar Minuten am Tag. Aber am Ende half mir dieses Ritual nicht nur, zur Ruhe zu kommen, sondern auch, die Stimme zu erkennen. Sobald ich gelernt hatte zuzuhören, redete Gott – nicht laut und nicht täglich. Aber manchmal, wenn ich Führung brauchte, kam mir ein Satz oder Gedanke in den Sinn, der eindeutig nicht von mir, sondern von Gott stammte.

Schon sehr bald gebrauchte Gott diese Form der Kommunikation auf sehr unerwartete Weise – und so, dass sie mein Leben veränderte.

19 Zuhause

Sommerferien 1973. Mein erstes Jahr am College war anstrengend gewesen. Ich war reif für eine Pause.

Nachdem ich Gigi ein paar Tage besucht hatte, fuhr ich mit dem Fernbus nach Moline, etwa drei Stunden südwestlich von Chicago, zu meinem Freund Scott. Wir hatten uns vor drei Jahren im Sommerlager kennengelernt und ich hatte Scott immer wieder übers Wochenende besucht; jetzt wollten Scott und ich im Sommerlager am *Lake Geneva* als Rettungsschwimmer und Schwimmlehrer arbeiten.

Wir fuhren über die Autobahn und ich sah die Felder vorbeifliegen. Plötzlich tauchte ein Schild auf: »Princeton: einhundert Kilometer«.

Ich war verdutzt. Als ich ans College gegangen war, hatte ich nicht vorgehabt, zurückzukommen. Mir war nicht klar gewesen, dass der Bus an der schwedischen Bauerngemeinde vorbeifahren würde, in der ich aufgewachsen war.

Als wir uns Princeton näherten, dachte ich mir, ich würde nur ein letztes Mal von der Autobahn aus winken. Doch plötzlich blinkte der Fahrer und wir bogen in die Kleinstadt ab.

Bald rumpelte der Bus die Hauptstraße entlang und ich starrte durch die großen, getönten Scheiben nach draußen. Der Bus steuerte auf den kleinen Busbahnhof zu – und ich in eine Krise.

Ich sah Leute aus der Highschool, mit denen ich noch vor weniger als einem Jahr Geländelauf und Basketball trainiert hatte. Im

Eisladen löffelten Mitschüler ihr Eis, neben denen ich im Unterricht gesessen hatte. Ich erkannte Jungs, die immer Schneebälle nach mir geworfen hatten.

Sie konnten mich hinter den getönten Scheiben des Busses nicht sehen. Darum winkte keiner von ihnen oder rief meinen Namen. Oder … war das wirklich der Grund?

»Hey, ich bin's, Leute!«, hätte ich am liebsten gerufen. »Guckt mal her, hier bin ich!« Sie hätten mich natürlich nicht gehört, weil das Fenster wegen der Klimaanlage geschlossen war. Aber wenn sie mich hätten hören können, hätten sie reagiert? Das Leben in Princeton ging weiter, als hätte ich nie dort gelebt.

Nach einer Pause wendete der Bus und fuhr den gleichen Weg zurück. Wie in Zeitlupe wurde mir klar, dass das Kinderheim nur vier Straßen entfernt lag. Kein Kind oder Mitarbeiter wusste, dass ich in der Stadt war. Aber hätte es einen Unterschied gemacht, wenn sie es gewusst hätten?

Princeton war nur dem Namen nach meine Heimatstadt. In Wirklichkeit hatte ich keine Heimat und kein Zuhause.

Diese Einsicht traf mich mit voller Wucht. Sonst konnte ich mich immer innerlich zurückziehen, bevor mich Gefühlsstürme aus meiner Kindheit umwerfen konnten. Aber dieser Ausflug in meine Vergangenheit hatte mich überrumpelt.

Das Gefühl, unsichtbar zu sein, war neu für mich. Es war, als würde niemand auch nur bemerken, geschweige denn sich darum kümmern, wenn ich plötzlich verschwinden würde.

Der Ort, an dem ich fünfzehn meiner ersten achtzehn Lebensjahre verbracht hatte, war kein Zuhause mehr.

Das Heim hatte keine Mittel für eine anschließende Nachbetreuung, Beratung und finanzielle oder emotionale Unterstützung. Niemand hielt Kontakt zu uns. Niemand rief an und fragte nach, ob es uns gut ging – oder ob wir überhaupt noch am Leben waren.

Das war nicht die Schuld der Mitarbeiter. Die meisten arbeiteten gefühlte fünfundzwanzig Stunden am Tag. Sie hatten schlichtweg keine Zeit für die, die weitergegangen waren.

Vorher hatte ich den Gedanken nicht zugelassen, dass ich nicht nach Hause gehen konnte. Wenn andere Studenten mich fragten, wohin ich in den Semesterferien fuhr, gab ich bloß vage Antworten. Die wirre Wahrheit zu erklären, erschien mir sinnlos.

Nicht einmal das Kinderheim war mehr mein Zuhause. Diese brutale Erkenntnis zerriss mir das Herz. Ich fürchtete, die anderen Buspassagiere könnten mich für verrückt halten, deshalb biss ich die Zähne zusammen und ließ nichts von dem Sturm nach außen dringen, der in mir tobte.

Voller Zorn schleuderte ich Gott meine Gedanken entgegen. *Warum hast du mir nicht ein kleines Zuhause geschenkt? Ich brauche ja gar keine Villa in Atlanta. Ich wäre mit einer Vierzimmerwohnung mit kleinem Garten und Hund völlig zufrieden gewesen. Kein Luxus. Nur ein Zuhause mit einer Mutter und einem Vater. Geld ist egal. Ich hätte mir einfach ein Zuhause gewünscht! Warum, Gott? Warum musste ich so aufwachsen? Womit habe ich das verdient?*

Ich wartete einige Augenblicke. Keine Reaktion. *Warum antwortest du mir nicht?*, schrie ich.

Schweigen.

Hörst du mir zu?, brüllte ich in stummer Wut.

Schweigen. Teilnahmsloses Schweigen. Ich fühlte mich wie lebendig begraben.

Ich starrte aus dem Fenster. *Ich werde nie nach Hause gehen können, nicht wahr?*

Obwohl Gigi mich liebte, war ihre Wohnung nicht mein Zuhause. Auch Atlanta war es nicht, obwohl ich Onkel Arnold und Tante Alice besuchen durfte. Wo ich auch hinging, ich war ein Gast.

Zuhause ist, wo du hingehen kannst, ohne Gast zu sein.

Über mir schlugen die Gefühlswellen zusammen wie eine gefährliche Brandung. Minutenlang brüllte ich innerlich, bis ich zu erschöpft zum Denken war.

Dann, während der Bus weiter über die Autobahn brummte, traf mich eine innere Eingebung. Sie schwebte wie eine Feder heran und fast hätte ich sie übersehen. *Nenn mich Vater, Rob. Nenn mich Zuhause.*

Tief aus meinem Inneren stieg eine wütende Antwort empor: *Damit soll ich mich zufriedengeben?! Das erklärt überhaupt nichts! Es wischt nicht die Narben der letzten fünfzehn Jahre weg, und jetzt hilft es mir auch nicht! Hast du mir nicht zugehört?*

Ich habe kein Zuhause! Ich werde nie in meinem früheren Kinderzimmer schlafen. Ich werde später meiner Frau nicht das Haus zeigen können, in dem ich aufgewachsen bin. Meine Kinder werden weder Oma noch Opa zum Spielen haben. Wenn ich frustriert, pleite oder sonst wie in Schwierigkeiten bin, kann ich niemanden zu Hause um Hilfe bitten. Kapierst du? Denn ich habe kein Zuhause!

Falls Gott antworten wollte, hätte meine Wut ihn gar nicht durchgelassen. Aber ich war zu müde, um meine Abwehr allzu lange aufrechtzuerhalten.

Endlich spürte ich die Stimme wieder. Sie war sanft, aber fest, wie ein liebevoller Befehl: *Nenn mich Zuhause, Rob. Nenn mich einfach Zuhause.*

Erschöpft und schweigend saß ich da. Ich hatte ihn gebeten, mich zu verändern, oder? Es war geschehen – nach und nach.

Und jetzt bot mir der »Ich bin, der ich bin«, der Gott des Universums an, mich zu adoptieren – *mich*. Ohne Wartezeit, ohne Probebesuche in einer Pflegefamilie, ohne Haken, ohne Bedingungen. Ich brauchte nicht einmal vorher ein besserer Mensch zu werden.

Er wollte mich adoptieren, einen Typen voller Dreck am Stecken und Verletzungen aus der Kindheit

Okay, Gott. Einverstanden. Du bist mein Vater. Du bist mein Zuhause.

20 Offenbarung

Als ich ans College zurückkehrte, war ich zuversichtlich: Gott hatte mir eine geistliche Heimat, ein dauerhaftes Zuhause angeboten und ich hatte es angenommen. Aber noch immer musste ich eine Menge Hindernisse aus meiner Vergangenheit überwinden.

Zum einen war ich nicht sicher, wie ich mit der sexuellen Freiheit auf dem Campus umgehen sollte. Mir hatte kein Vater eine gesunde Einstellung zur Sexualität vermittelt oder mir vorgelebt, wie Liebe und Ehe aussehen können.

Ich war mit der Doppelmoral aufgewachsen, dass es für Männer okay war, sich durch alle Betten zu schlafen, aber für Frauen nicht. Jetzt wurde mir klar, dass diese Einstellung Gott nicht gefiel und auch nicht fair war oder weise. Trotzdem lernte ich Frauen kennen, die offen erklärten, wenn ein Typ scharf genug war, würden sie eine Nummer mit ihm schieben – und als sich einige für mich interessierten, streichelte das mein Ego.

Meine alten Einstellungen veränderten sich zwar, aber nur sehr langsam.

Eines Abends war mein Zimmergenosse unterwegs. Nach einer Verabredung landete ich mit einem Mädchen auf meinem Zimmer. Wir lagen auf meinem Bett und küssten uns. Wir waren zwar noch vollständig bekleidet, aber unsere Körper signalisierten laut und deutlich, wie es weitergehen sollte. Auf einmal hörte ich eine innere Stimme: *Nein! Das ist nicht das, wozu Gott dich berufen hat!*

In meinem testosterongesteuerten Gehirn legte sich der Nebel. Irgendwie brachte ich genug Willenskraft auf, um meine Füße auf den Boden zu schwingen und aufzustehen. Wir waren beide überrascht, als ich sagte: »Wir müssen spazieren gehen.«

Als wir draußen waren, war sie verwirrt und ich rang mit den Worten. Schließlich sagte ich: »Ich weiß auch nicht genau, was das gerade war ... Aber vor einiger Zeit habe ich Gott die Chance gegeben, mich zu verändern, und vorhin ist mir plötzlich klar geworden, dass das so nicht geht.«

Abends lag ich noch lange wach und dachte darüber nach. *Wie in aller Welt konnte ich das vorhin durchziehen? Und woher soll ich beim nächsten Mal die Kraft nehmen, mich zurückzuhalten – und beim übernächsten Mal, bis ich irgendwann heirate?*

Ich hatte zu viele Heimkinder erlebt, die sexuell aktiv wurden, nicht aus Liebe und nicht einmal aus Lust, sondern um ihre innere emotionale Leere zu füllen. Ich wusste, ich musste mir immer wieder vor Augen führen, dass ich mich verändert hatte und immer noch dabei war, mich zu verändern. *Ich will ein Mann, ein Ehemann und Vater sein, dem man vertrauen kann und der treu ist.*

Ich hoffte nur, dass ich dem auch ohne elterliches Vorbild gerecht werden konnte. Eins hatte ich jedenfalls gelernt: Wenn es zu heiß wird, muss man aufstehen.

Eines Tages erwähnte ein Freund aus Chicago am Telefon, dass die Kirche, die das Kinderheim finanziell unterstützte, Kurzzeit-Missionseinsätze organisierte. Ich schaute mir das Projekt an, und da ich mich im Studium ohnehin nicht für ein Hauptfach entscheiden konnte, klang ein Jahr in Afrika verlockend. Ich würde bei den Missionaren als Mädchen für alles arbeiten. Allerdings ohne Bezahlung. Die Idee dahinter: »Wenn Gott dir diese Aufgabe gibt, wird er dich auch versorgen. Du darfst den Missionaren nicht auf der Tasche liegen.«

Ich erfuhr, dass ich dreitausendfünfhundert Dollar für Reisekosten und andere Ausgaben aufbringen sollte. Diese Summe war zwar in meinem Aktienpaket, aber ich träumte eigentlich davon, mir ein neues Auto zu kaufen – ein schwarzes Cabrio. Ich sprach mit anderen Teilnehmern und betete um Wegweisung, und da spürte ich, dass das Cabrio warten musste.

Nach langen und intensiven Gebeten fühle ich eine – vorsichtige – Gewissheit, dass Gott wollte, dass ich teilnahm. Ich zögerte, Gigi davon zu erzählen, weil ich vermutete, dass sie dagegen war. Aber als ich anrief, versuchte sie keine Sekunde lang, mich davon abzubringen: »Wenn das Gottes Wille ist, Robby«, sagte sie, »sind meine Liebe und meine Gebete bei dir.« Meine Verwandten in Atlanta sahen das anders. Sie glaubten, das sei Zeitverschwendung und ich würde mein Studium nie beenden. Aber meine Entscheidung stand fest.

Im Sommer arbeitete ich in Onkel Arnolds Autohaus, und am Abend vor meinem Flug nach Chicago setzte ich mich zu einem letzten Gespräch mit Onkel Arnold und Tante Annis zusammen. Durch meinen bevorstehenden Auslandsaufenthalt fühlte ich mich gedrängt, die Frage zu stellen, für die ich bislang nie den Mut aufgebracht hatte: »Onkel Arnold, du musst mir eine schwierige Frage beantworten. Mir liegt sehr viel an einer ehrlichen Antwort, egal, wie die Wahrheit aussieht.«

Er sah aus, als wüsste er, was jetzt kam – und als hätte er sich jahrelang darauf vorbereitet.

»Ich verstehe, dass Gigi zu arm war, um mich zu sich zu nehmen«, sagte ich. »Und auch abgesehen davon hätte sie emotional und kräftemäßig nicht gegen meine Mutter um das Sorgerecht kämpfen können. Aber ich verstehe nicht, warum mich niemand aus Atlanta zu sich holen wollte. Warum wollte keiner von euch mich haben?«

Ich war überrascht, dass Onkel Arnold mit den Tränen kämpfte: »Robby, Junge, ich habe immer wieder versucht, Pauline dazu zu bewegen, dass wir dich zu uns holen können. Dein Großvater Mitchell war nicht nur mein Bruder und ein wirklich guter Mann; er war auch mein bester Freund. Er hätte gewollt, dass ich dich als seinen Enkel aufziehe, und ich hätte das liebend gern für ihn und für dich getan.«

Ich war fassungslos und schwieg, als Arnold stockte und mit seinen Gefühlen kämpfte. Er nahm einen Schluck Bourbon, bevor er weitersprach. »Deine Großmutter Pauline hat mir und jedem anderen Familienmitglied strikt die Zustimmung verweigert, dich zu uns zu nehmen.«

In mir drehte sich alles und ich versuchte zu verstehen. »Warum?«

Er schwieg.

»Warum, Onkel Arnold?«

Er schüttelte den Kopf, Tränen strömten über sein faltiges Gesicht. »Du warst eine gesellschaftliche Blamage für Pauline, Rob. Wenn du in Atlanta gelebt hättest, aber nicht von ihrem Sohn großgezogen worden wärst, hätte das zu vielen schwierigen Fragen in ihren gesellschaftlichen Kreisen geführt. Es war viel bequemer zu sagen, dass du in Illinois lebst.«

Eine gesellschaftliche Blamage? Meine eigene Großmutter wollte anderen Familienmitgliedern nicht gestatten, mich aufzuziehen, weil das in ihren gesellschaftlichen Kreisen zu schwierig zu erklären gewesen wäre?!

Ich konnte es kaum glauben. Ich war zwar so weit Familienmitglied, dass man rechtlich an mir festhielt, aber nicht gut genug, um mich aufzunehmen?

Was sagt das über meine Verwandten, die nicht den Mumm hatten, das Richtige zu tun? Offenbar hatte auch keiner ernsthaft in Betracht gezogen, sich Pauline zu widersetzen und wenigstens Gigi Geld und Rechtsbeistand zu geben, damit sie mich aufziehen konnte.

Nach dem ersten Schock wusste ich nicht, ob ich wütend oder frustriert war. Einerseits war es eine weitere verletzende Offenbarung. Andererseits war ich fast erleichtert. Immerhin brauchte ich jetzt nicht mehr über den Grund dafür zu grübeln.

Am nächsten Tag verabschiedete ich mich. Tante Annis umarmte mich und weinte. Onkel Arnold verzichtete auf seinen gewohnten Handschlag und umarmte mich – zum ersten Mal. »Denk dran, Junge«, sagte er. »Ich habe dich immer geliebt.«

Viele Gedanken schwirrten mir auf meinem Flug nach Chicago durch den Kopf. Nach meinem Lieblingsschmorbraten bei Gigi redeten wir über meine Pläne: »Ich freue mich für dich, Robby. Du tust, was Gott dir als richtig klargemacht hat.«

»Mir ist nicht wohl dabei, dich zu verlassen«, erklärte ich ihr, »und so weit weg zu sein, falls du mich brauchst.«

»So etwas darfst du nicht einmal denken«, erwiderte sie resolut wie immer. »Außerdem hoffe ich, dass ich sterbe, während du dort bist. Dann bin ich keine Last für dich. In Afrika erfährst du gar nicht, wenn ich krank werde, und bist zu weit weg, um zur Beerdigung nach Hause zu kommen.«

»Hör sofort damit auf«, wehrte ich ab. »Du wirst nicht sterben, wenn ich weg bin, und du wirst mir nie eine Last sein. Nie!«

»Na, reden wir nicht weiter darüber«, sagte sie. »Aber vergiss nicht, dass dir die Möbel gehören und sämtliches Geld, das dann vielleicht noch auf meinem Konto übrig ist.«

Kurz vor dem Zubettgehen legte ich meine Hand auf ihre schwachen Finger. »Gigi«, sagte ich, »ich muss dir eine schwere Frage stellen.«

»Nur zu, Robby«, ermunterte sie mich. Ihr Tonfall sagte mir, dass auch sie auf diesen Moment gewartet hatte.

»Als Kind habe ich nie verstanden, warum meine Familie in Atlanta mich nicht aufziehen wollte. Das hat mich jahrelang beschäftigt. Bevor ich aus Atlanta abgereist bin, habe ich Onkel Arnold gefragt, warum die Familie mich nicht wollte. Weißt du, was er mir gesagt hat, Gigi?«

»Ja. Er hat dir gesagt, dass Pauline es nicht zugelassen hat. Du warst für sie eine gesellschaftliche Blamage.«

»Aber Gigi – wenn du das die ganze Zeit wusstest, warum hast du es mir nie gesagt?«

Ihre schmalen Schultern begannen zu beben. Ich legte meinen Arm um sie. »Ich bin nicht sauer, Gigi. Ich will es nur verstehen.«

»Ich wusste es schon, als du in der Junior Highschool warst«, sagte sie und die Tränen rannen ihr übers Gesicht. »Aber jedes Mal, wenn du mich gefragt hast, ob du in Atlanta leben könntest, war es zu schmerzhaft für mich, dir zu sagen, dass es dazu nie kommen würde. Du hattest schon so viel durchgemacht, dass ich dir diese Zurückweisung nicht zumuten konnte. Besonders, weil der Grund so boshaft war.«

Ihre Stimme wurde so leise, dass sie nur noch flüsterte. »Ich konnte es einfach nicht. Es tut mir so leid – so unendlich leid.« Sie brach in Schluchzen aus.

Ich hielt sie fest, wie ein Vater seine verzweifelte Tochter festhält. Ich versicherte ihr immer wieder, dass ich nicht wütend war, und war überrascht, dass das – wenigstens in diesem Moment – die Wahrheit war.

Ich schätze, das haben die Psychiater gemeint, als sie sagten, dass ich meine Gefühle intellektuell betrachten kann, dachte ich. *Pack sie in einen Karton, mach den Deckel zu und hol sie zu einem anderen Zeitpunkt hervor, wenn du bereit bist, dich mit ihnen auseinanderzusetzen.*

Jetzt war nicht die Zeit für Wut. Jetzt war die Zeit, Gigi zu trösten, die um meine turbulente Kindheit weinte, und weil sie so wenig dagegen hatte tun können. Ich wollte ihr klarmachen, dass sie mir gegeben hatte, was ich am meisten gebraucht hatte: die Sicherheit, die man empfindet, wenn man dauerhaft und bedingungslos geliebt wird.

21 Vergeben?

Bin ich verrückt geworden?, fragte ich mich, als ich in Gemena aus dem Flugzeug stieg. *Es ist heiß, schwül, staubig und es stinkt. Ich muss wahnsinnig sein!*

In jener ersten Nacht fuhr ich fort, mich infrage zu stellen. *Bin ich aus den verkehrten Gründen hergekommen? Hat Gott mich wirklich geführt? In ein paar Monaten werde ich zwanzig und stehe hier wie Tarzan im Comicabenteuer.*

Nachdem ich allerdings darüber nachgedacht und gebetet hatte, fühlte ich einen inneren Frieden. Aus irgendeinem Grund schien Gott mich in Afrika zu wollen.

In den Monaten mit meinen afrikanischen Freunden lernte ich eine wichtige Wahrheit: Egal, wo ich war, Gott war für mich und für jeden anderen da – unabhängig von Kultur, Sprache, Geschichte oder Hautfarbe.

Eine neue Identität begann sich für mich herauszukristallisieren. *Ich bin nicht mehr einfach nur ein Kind aus einem Waisenhaus*, dachte ich. *Ich gehöre zu Gottes weltweiter Familie.* Beim Abschied vergoss ich Tränen der Dankbarkeit.

Vor meiner Rückkehr ans College hatte ich eine kurze Nachbesprechung meines Aufenthalts im Büro der Missionsorganisation. Der Direktor überreichte mir eine Rückerstattung meiner Kosten. »Sie sollten die Abrechnungen noch einmal überprüfen, Sir«, entgegnete ich überrascht. »Das ist mehr, als ich vor meiner Abreise hatte.«

»Das ist die Endabrechnung, Rob«, versicherte er mir. »Verschiedene Gruppen und Einzelpersonen haben mehrere Tausend Dollar beigetragen. Es ist nicht ungewöhnlich, dass unsere Kurzzeitmissionare am Ende eine Rückerstattung bekommen. Wir haben schon oft erlebt, dass Gott für diejenigen sorgt, die seinem Ruf für ihr Leben folgen. Das ist für uns inzwischen keine Überraschung mehr.«

Als ich mit meinem Scheck wegging, konnte ich nur denken: *Eine weitere Form von Gnade. Die Sache mit dem Gottvertrauen ist wirklich unglaublich!*

Am College entschied ich mich für Soziale Arbeit als Hauptfach. Dass ich es bis hierher geschafft hatte, ließ mich den Wunsch verspüren, anderen zu helfen.

Psychologie gehörte zu meinen Lieblingsfächern. Ich lernte, dass einige psychische Erkrankungen und unsoziale Verhaltensweisen auf dem Groll über – echte oder eingebildete – Beleidigungen und Verletzungen zurückzuführen waren. Meine Professoren betonten, wie wichtig es ist, »Frieden mit der eigenen Vergangenheit zu schließen«.

Den Begriff der Vergebung schienen sie dabei zu vermeiden, und ich hielt es ähnlich. Ich wusste, dass ich noch keinen Frieden mit meiner Vergangenheit geschlossen hatte. Um ehrlich zu sein, war ich gar nicht besonders scharf darauf. Bis ich die Geschichte von Corrie ten Boom hörte.

Corrie, eine niederländische Christin, wurde 1944 mit ihrer Schwester Betsie, ihrem Vater und mehreren Freunden verhaftet, weil sie Juden versteckt hatten, um sie vor Hitlers Gaskammern zu retten. Betsie und ihr Vater starben im Konzentrationslager Ravensbrück. Corrie überlebte und war damals in den Vereinigten Staaten, um über ihre Erfahrungen zu sprechen.

Sie erzählte oft, wie einmal in einer Kirche, in der sie einen Vortrag gehalten hatte, ein Mann auf sie zukam und die Hand ausstreckte. Corrie erkannte ihn wieder: Er war SS-Wärter in Ravensbrück gewesen und hatte Wache gestanden, als sie und Betsie mit vorgehaltener Waffe in den Duschraum gestoßen und gezwungen worden waren, sich vor den spottenden deutschen Soldaten nackt auszuziehen. Jetzt bat er Corrie, ihm zu vergeben.

Corrie erzählte den Zuhörern, dass sie in jenem Moment nichts fühlte, nicht den leisesten Funken von Wärme oder Nächstenliebe. »Jesus«, betete sie, »ich kann ihm nicht vergeben.« Aber Gott forderte sie zur Vergebung auf und sie willigte ein.

Am Ende ihres Vortrags gab Corrie ihren Zuhörern eine liebevolle, aber deutliche Herausforderung mit auf den Weg: »Wem musst du vergeben?«

Ich kannte die Antwort. Ohne großes Nachdenken war meine kurze Liste fertig.

»Denken Sie an das Gebet, das Jesus uns gelehrt hat, das Vaterunser«, sagte Corrie. »Wir erleben Heilung vom Schmerz der Ungerechtigkeit, wenn wir unseren Schuldigern vergeben.«

Corrie sollte einem Mann vergeben, der für Verletzungen, Schmerz und Schande in ihrem Leben verantwortlich war. Ich wusste, dass Gott von mir verlangte, das Gleiche zu tun. Aber ich war dazu nicht bereit. Da wäre ich lieber mit giftigen Schlangen und tropischen Ameisen durch den Urwald gekrochen.

Aber Corries Frage nagte immer wieder an mir: »Wem musst du vergeben?« Als ich eines Tages über den Campus lief, willigte ich schließlich ein. *Okay! Du willst wissen, wer auf meiner Liste steht? Meine Großmutter Pauline, mein Vater und meine Mutter. Jetzt weißt du's. Ich habe deine Frage beantwortet. Zufrieden? Und jetzt nerv mich nicht mehr.*

Ich weiß nicht, ob Corrie mit meiner Antwort zufrieden gewesen wäre. Ich war es jedenfalls nicht und versuchte, mich vor Gott zu rechtfertigen. *Komm schon! Die Profis im Kinderheim wollten uns auch nicht dazu bringen, den Leuten zu vergeben, die ihren Müll auf uns abgeladen haben – oder schlimmer, uns missbraucht haben. Warum sollte ich dann irgendjemandem vergeben? Sie bitten mich ja nicht mal darum!*

Was soll das überhaupt? Pauline ist inzwischen gestorben, mein Vater ist hirntot und meine Mutter vielleicht auch. Sie werden nicht einmal erfahren, ob ich ihnen vergebe oder nicht!

Schweigen.

Wochenlang kämpfte ich mit mir.

Eines Morgens diskutierte ich wieder einmal in einer Stillen Zeit mit Gott: *Ist das wirklich nötig, um meine Vergangenheit hinter mich zu bringen? Um eine gesunde Familie mit Frau und Kindern zu gründen?*

Ich glaube nicht, dass ich es schaffe, ihnen zu vergeben! Allein bei dem Versuch fühle ich mich überfordert. Bist du dir sicher, dass mein Grips und meine Kraft reichen? Du meinst das alles gar nicht ernst, oder?

Dann erlebte ich wieder mal so ein Moment, in dem mir ein Gedanke, der nicht von mir stammte, in den Sinn kam. Dieses Mal waren es nur zwei Worte. *Fang an.*

War Gott meinen Widerstand leid? Ich wusste es nicht. Was ich inzwischen wusste, war, dass meine Stille Zeit zu Ende war, wenn Gott gesprochen hatte, und ich lieber über seine Worte nachdenken sollte. *Anfangen? Wo anfangen?*

22 Pauline

Von den drei Menschen, die mich am meisten verletzt hatten, war Pauline diejenige, der ich am leichtesten vergeben konnte. Sie war gestorben; ich hatte keine Träne vergossen.

Jetzt versuchte ich, mehr über sie zu erfahren. Ein Gespräch mit ihrer Tochter, meiner Tante Alice, führte nicht weit. Alice war nett, wollte aber nicht über die Vergangenheit reden. Vielleicht wollte sie keine schlafenden Hunde wecken oder es war einfach zu schwierig für sie, jedenfalls kam ich dadurch nicht weiter.

In Psychologie hatte ich gelernt, nach der Motivation von Menschen zu fragen, also spielte ich meine Erinnerungen an Pauline noch einmal durch. Mir fiel wieder ein, wie sie Tante Alice, Onkel Mack, ihre Kinder und ihre Haushaltshilfe behandelt hatte, und mir dämmerte, dass sie in einer anderen Welt gelebt hatte.

In Paulines Welt waren ihre eigenen Ziele offenbar so wichtig, dass sie von jedem in ihrer Umgebung erwartete, daran mitzuwirken. In ihrer Welt war alles wunderbar – Pauline eingeschlossen. Sie betrachtete sich fast als Vorbild für alle Frauen, obwohl sie zugleich sämtliche Leute und Vorstellungen bekämpfte, die ihr Unbehagen bereiteten.

Trotz dieser vermutlich richtigen Erkenntnisse hatte ich noch immer keine Antwort auf meine dringendste Frage: *Warum ließ sie nicht zu, dass sich irgendjemand in Atlanta um mich kümmerte? Wieso hat sie mir eine normale Kindheit verweigert? Weshalb war ich ihr so peinlich?*

Ich steckte fest. Alle meine Antworten waren zu persönlich. Als ich klein war, hatte ich geglaubt, mir ging es so schlecht, weil ich selbst schlecht war. Und selbst jetzt noch hatte ich das Gefühl, es müsse an mir liegen, als hätte ich etwas gesagt oder nicht gesagt, getan oder nicht getan, als hätte ich irgendeine Eigenschaft oder ein Merkmal, wodurch Pauline sich angegriffen gefühlt hatte.

Immer wieder musste ich darüber nachdenken: *Was war es nur gewesen? Was war es bloß?* Ich bekam nie eine Antwort.

Aber ich gab nicht auf. Ich erinnerte mich daran, wie Pauline mich ihren »liebsten Robby« genannt und mir gesagt hatte, dass sie mich liebte. Ich erinnerte mich daran, wie sie – mehrfach – gesagt hatte: »Ach Robby, ich bin so glücklich, dass du in so einer guten Umgebung lebst.« Ich erinnerte mich: Monatlich hatte sie mir sechzig Dollar für meine Rechnungen im Kinderheim geschickt und mich oft an »all die Kosten, die ich übernehme« erinnert.

Offenbar lebte ich ihrer Vorstellung nach an einem idyllischen Ort: in einem gemütlichen Haus umgeben von glücklichen Spielkameraden und hilfsbereiten Kindermädchen. Das Kinderheim war vielleicht besser als manche anderen, aber es hatte in keiner Weise ihrer Fantasie entsprochen.

Noch immer beantworteten diese Gedanken meine Frage nicht: *Was an mir hatte sie abgestoßen?*

Nachdem ich Gott wieder einmal mit dieser Frage bombardiert hatte, bemerkte ich einen Gedanken, der nicht von mir stammte. Er wäre mir nie in den Sinn gekommen: *Nichts.*

Inzwischen war ich richtig gut darin, Gott zu widersprechen: *Was meinst du mit »nichts«? Es geht hier nicht um eine falsche Bemerkung oder eine vergessene Geburtstagskarte! Es geht um meine ganze Kindheit, die sie mir versaut hat!*

Schweigen. Offensichtlich wollte Gott, dass ich es allein herausfand.

Ich kam aber nicht weiter, bis ein Studienkollege mir von seinem Wochenende erzählte: Er war am Samstag mit einem Mädchen ausgegangen, das er klasse fand. Nachdem er sie mit dem Auto seines Vaters nach Hause gebracht hatte, fuhr er zurück zum

Haus seiner Eltern. Weil er noch in den Gedanken an den großartigen Gutenachtkuss schwelgte, den die Freundin ihm gegeben hatte, verfehlte er eine Kurve und sauste in einen Telefonmast.

Er wurde glücklicherweise nicht verletzt, aber der Wagen war reif für einen längeren Ausflug in die Werkstatt.

»Ich hab mich sowieso schon gefühlt wie ein Idiot«, erzählte er mir. »Und dann hat mein Vater auch noch getobt. Er hat an meinem Atem und meinem Shirt geschnüffelt, ob ich getrunken oder Marihuana geraucht hatte. Ich sollte sogar einen Alkoholtest bei der Polizei machen. Mann, war das peinlich, auch wenn ich ja gar nichts falsch gemacht hatte. Den ganzen Abend hat mein Vater gebrüllt: ›Wie konntest du mir das bloß antun?‹«

»Was hast du geantwortet?«, fragte ich.

»Erst mal hab ich gar nichts gesagt. Ich liebe meinen Vater und kenne ihn ziemlich gut. Er musste erst mal Dampf ablassen. Nach dem Gottesdienst am nächsten Morgen fing er beim Mittagessen wieder damit an, nicht mehr ganz so heftig. Ich hab einfach gesagt: ›Dad, nimm es nicht persönlich. Es hatte überhaupt nichts mit dir zu tun. Ich habe vor mich hingeträumt und einen Fehler gemacht, einen schlimmen Fehler – aber er ist nicht passiert, weil ich dich verletzen wollte. Ich war einfach schusselig und abgelenkt. Es hatte rein gar nichts mit dir zu tun.‹«

Nach dem Gespräch ging ich lange spazieren. *Manchmal hast du echt eine komische Art zu kommunizieren, Gott. Total schräg!*

Ich wusste, dass Gott den Autounfall nicht passieren ließ, um mir eine Lektion zu erteilen, aber ich hatte etwas gelernt: Konnte es sein, dass Paulines Verhalten gar nichts mit mir zu tun hatte? Lag es vielleicht überhaupt nicht an mir, dass ich in einem Waisenhaus aufwuchs statt bei einem reichen Großonkel?

Vielleicht wollte sie nicht, dass Mutter mich in Atlanta besuchte – oder sogar selbst hinzog. Vielleicht ging Pauline unangenehmen Dingen einfach aus dem Weg, indem sie so tat, als gäbe es sie nicht.

Hatte sie möglicherweise gar keinen blassen Schimmer, wie gemein sie zu mir war? Immerhin glaubte sie, ich lebte in der wunderbaren Fantasiewelt, die sie für mich erträumte. Außerdem kreiste sie zu sehr um sich selbst, als dass sie darüber nachgedacht hätte, was ihr Verhalten für mich bedeutete. Ihre Entscheidungen blieben nach wie vor spürbar in meinem Leben, aber jetzt war sie tot und konnte mir nichts weiter anhaben.

Immer wenn eine innere Stimme mir etwas anderes einflüstern wollte, konnte ich jetzt entgegnen, dass sich Paulines Verhalten nicht gegen mich persönlich gerichtet hatte, genau wie der Unfall meines Studienkollegen sich nicht gegen seinen Vater gerichtet hatte. Jahrelang hatte ich gegrübelt, was ich falsch gemacht hatte, aber vielleicht ging es gar nicht um mich.

Großmutter Pauline, 1955

Diese Erkenntnis machte mich nicht glücklicher, aber sie war ein Schritt in Richtung Vergebung. Endlich konnte ich ehrlich und aufrichtig beten: »Gott, Pauline hat mir wehgetan. Aber ich glaube nicht, dass sie es mit Absicht getan hat. Ich glaube, sie wollte sich einfach ihr Leben erleichtern. Sie war egoistisch, und in ihrem Egoismus hat sie viele Leute verletzt, nicht nur mich. Sie wird es zwar nie erfahren, aber ich vergebe ihr. Wenn ich wieder wütend auf sie werde, hilf mir bitte, ihr wieder zu vergeben.«

Gott erhörte dieses Gebet. Er half mir, meine Wut auf Pauline loszulassen, und warf sie weit weg, »so fern der Osten vom Westen ist«. *Eine geschafft, bleiben noch zwei.*

Pauline zu vergeben war schwierig gewesen, aber nicht unmöglich, wie ich überrascht feststellen musste. Meinem Vater zu vergeben war da noch eine ganz andere Nummer.

23 Mein Vater

Als ich versuchte, meinen Vater zu verstehen, fiel mir zuerst Gigis Geschichte von den Hochzeitsmöbeln ein. Aus einer Entfernung von über eintausendsechshuntert Kilometern hatte Pauline ein in ihren Augen wunderbares Hochzeitsgeschenk inszeniert. Ohne es mit ihrem Sohn oder dessen junger Frau abzusprechen, hatte sie Möbelpacker engagiert, um ihre Möbel zu ersetzen.

Die neue Einrichtung war teuer – brandneues Mahagoni – und komplett: Couch, Sessel, Hängelampen, Stehlampen, Esstisch, Couchtisch, Kommode, großer Spiegel, Schreibtisch und Doppelbett.

Ich versuchte, mir das Gesicht meines Vaters vorzustellen, als er die Tür öffnete und seine Braut über die Schwelle trug: Ihre Möbel waren verschwunden. Ihr gemütliches neues Zuhause war nun das, was eine andere Frau sich unter einer ordentlichen Südstaatenvilla vorstellte.

Ich konnte mir den Zorn meiner Mutter bildlich vorstellen. Noch Jahre später sagte sie mit Ekel in der Stimme: »Dein Vater war ein blöder Feigling. Er hat sich dieser Zicke nicht ein einziges Mal entgegengestellt!«

Mein Vater war in der Zwickmühle: gefangen zwischen zwei dickköpfigen Frauen.

Nach dem zu urteilen, was Gigi und Mutter mir über ihn erzählt hatten, hasste Vater die Konfrontation. Vermutlich hatte er schon als Kind gelernt zu tun, was Pauline wollte. Jetzt musste er noch mit den plötzlichen Wutausbrüchen meiner Mutter klarkommen.

Als ich versuchte, etwas über seine Arbeit in der Werbebranche herauszufinden, geriet ich in eine Sackgasse.

Gigi kannte niemanden, der damals mit ihm zusammengearbeitet hatte, und Tante Alice erinnerte sich an keinen seiner Freunde aus Atlanta.

Aber ich wusste, dass die Werbung eine anspruchsvolle Branche war, in der sehr viel Druck herrschte; wahrscheinlich hatte er unter täglichem Stress gearbeitet, der durch meine Geburt und Mutters Stimmungsschwankungen noch verstärkt wurde.

»Mehrfach hat mich dein Vater panisch angerufen, wenn er nach Hause in die Wohnung kam und dich allein vorfand«, erzählte mir Gigi. »Du lagst mit dreckigen Windeln in deinem Kinderbett und hast vor Hunger geschrien. Deine Mutter hatte keine Nachricht hinterlassen, wohin sie gegangen war. Einige Male kam Joyce nicht einmal am Abend nach Hause. Sie erklärte nie, wo sie gewesen war, oder versuchte sogar zu rechtfertigen, warum sie dich allein gelassen hatte. Sie tat, als wäre alles in Ordnung, und bekam einen Wutanfall, wenn dein armer Vater ihr Fragen stellte.«

Ich war überrascht von Gigis Freimütigkeit. Sie milderte ihre Aussagen ab, indem sie hinzusetzte: »Ich hatte immer das Gefühl, dass der arme Robert sich in den Alkohol flüchtete, um Stress abzubauen. Als die Situation schlimmer wurde und die Ehe bröckelte, trank er immer mehr und musste nun auch noch seine Sucht bei der Arbeit verheimlichen. Deine Mutter war damals auch eine schwere Alkoholikerin und nahm irgendwelche Beruhigungspillen. Es war eine schreckliche Situation, Robby, und ich konnte rein gar nichts tun, um sie zu beenden.«

Er tat mir zwar leid, aber ich konnte mich nicht überwinden, ihn meinen »armen Vater« zu nennen. Er musste doch andere Möglichkeiten gehabt haben, als seine Frau und seinen Sohn zu verlassen und zurück zu seiner manipulativen, dominanten Mutter zu gehen!

Wenn er mich mitgenommen hätte, hätte ich das vielleicht verstanden. Aber warum hatte er mich bei meiner Mutter gelassen, wenn er doch wusste, dass sie sich nicht gut um mich kümmerte?!

Endlich begann ein schwaches Licht am Rand des Horizonts zu erscheinen. *Könnte es sein, dass die Entscheidungen meines Vaters wie bei Pauline gar nichts mit mir zu tun hatten?*

Wenn mein Vater heute klar denken könnte, vielleicht würde er dann so etwas sagen wie: »Mein Sohn, die Wolken der Hoffnungslosigkeit waren so dunkel, dass ich nur noch den Trieb hatte zu überleben. Ich hatte eine so schwere Depression, dass ich nichts mehr abwägen und an nichts anderes als an mich selbst denken konnte.« Als seine Karriere und seine Ehe zusammenbrachen, fühlte er sich wahrscheinlich wie ein Versager und der Druck wurde nur noch schlimmer bei der Vorstellung, Pauline diese Niederlagen gestehen zu müssen.

Ich wusste es nicht genau, vermutete aber, dass mein Vater nie Hilfe gesucht hatte. Am Ende hatte er sich den Keller von Paulines Haus als Ort für seinen Selbstmordversuch ausgesucht. Vielleicht wollte er, bewusst oder unbewusst, seine Mutter da treffen, wo es sie am meisten verletzen würde, und sie gesellschaftlich blamieren.

Ich wusste nicht, warum mein Vater mit dem Druck nicht umgehen konnte. Er hätte sich doch einen weniger stressigen Arbeitsplatz suchen und zur Eheberatung oder zum Arzt oder Therapeuten gehen können. Er hätte seine Schwester Alice oder seine Schwiegermutter Gigi bitten können, mich aufzunehmen, während er für sich und seine Frau Hilfe suchte.

Wieder einmal kam ich nicht weiter. Ich wollte diesen Mann verstehen, um ihm aufrichtig vergeben zu können. Würde es helfen, diesen Fremden, der mein Leben so geprägt hatte, kennenzulernen?

Während eines Besuchs in Atlanta sprach ich mit Onkel Arnold darüber.

»Aus Liebe zu deinem Großvater Mitchell«, sagte er, »besuche ich deinen Vater jeden Monat. Aber du musst wissen, dass er dich nicht erkennen wird. Ich habe mit den Krankenhausärzten darüber gesprochen, ob du mich begleiten könntest. Sie sagten mir, wenn er doch weiß, wer du bist, könnte er sehr heftig darauf reagieren. Nicht deinetwegen, sondern weil du sein gescheitertes Leben verkörperst. – Rob, was gewinnst du, wenn deine einzige Erinnerung an ihn ein Mann ist, der sich nicht selbst anziehen kann, keinen vollständigen Satz sagt und oft Windeln tragen muss? Ich nehme dich mit, wenn du darauf bestehst, aber willst du wirklich dieses Bild im Kopf haben?«

Ich setzte mich intensiv mit Onkel Arnolds Ratschlag auseinander. Schließlich musste ich ihm zustimmen, dass es besser war, kein Bild von ihm vor Augen zu haben als so eines.

Frustriert redete ich mit Gott darüber. *Ich soll einem Mann vergeben, den ich nicht kenne, nicht verstehe und dem ich nie wirklich begegnet bin. Kannst du mir nicht vorher irgendwie erklären, warum?*

Nach mehreren Monaten kam ich zur selben Einsicht wie bei Pauline: Die Entscheidung meines Vaters, wegzugehen und sich umzubringen, hatte nichts mit mir zu tun.

Aber selbst wenn das stimmt, hilft mir das auch nicht wirklich, sagte ich zu Gott. *Ein Vater sollte seinen Sohn lieben, ihn unterstützen, beschützen, verteidigen und ihm sein Vorbild sein. Er sollte seinem Sohn beibringen, wie man sich rasiert, hart arbeitet und Frauen versteht. Wie konnte er mich bloß verlassen?*

Millionen Menschen könnten dasselbe über ihren Vater sagen, aber das war auch nicht besonders tröstlich. Mein Denken nahm eine überraschende Wende, als ich eine Gruppe angehender Rettungsschwimmer ausbildete.

Beim Wassertreten am tiefen Ende des Schwimmbeckens erklärte ich ihnen: »Wenn ein Opfer einfach nicht aufhört, um sich zu schlagen, dann holt tief Luft, taucht unter Wasser und packt beide Beine des Opfers fest mit jeweils einer Hand. Dreht das Opfer so, dass sein Rücken zu euch zeigt, und dann zieht es hoch. Haltet es dabei gut fest. Das bringt das Opfer unter Kontrolle und gibt ihm das Gefühl, festgehalten zu werden. Legt den rechten Arm über die rechte Schulter des Opfers und über seine Brust und hakt die Hand unter seiner linken Achselhöhle ein. Das beruhigt die meisten Opfer sofort.«

Ich demonstrierte es an einem Schüler und ließ sie es dann bei mir probieren. »Und jetzt kommt das Schwierigste«, warnte ich sie. »Nicht alle Opfer verhalten sich passiv, und das werde ich jetzt simulieren.«

Als sie versuchten, mich zu retten, trat und schlug ich um mich, kletterte ihnen auf den Kopf und hielt sie unter Wasser. Hinterher sah mich die Gruppe an, als wäre ich wahnsinnig.

»Du hast mich fast umgebracht!«, keuchte eine.

»Ich dachte, ich sollte dich retten!«, warf mir ein anderer vor.

»Ich dachte, ich sterbe«, beschwerte sich ein Dritter.

Ich erklärte ihnen, dass Opfer, die panische Angst hatten, sich tatsächlich so verhielten. »Sie können in dem Moment nicht klar genug denken, um zu wissen, dass ihr sie retten wollt.«

»Aber Rob«, protestierte eine Schülerin, »wir hätten beide ertrinken können!«

Das war natürlich genau der Punkt. »Vergesst niemals folgende Regel«, sagte ich. »Es ist besser, wenn ein Mensch ertrinkt als zwei.« Dann fügte ich hinzu: »Ihr könnt keinen retten, der sich nicht retten lassen will.«

Als ich später allein im Umkleideraum unter der Dusche stand, wurde mir schlagartig klar, dass genau das auch auf mich zutraf: Vielleicht hatte mein Vater mich loslassen müssen, um sich selbst zu retten.

Vielleicht glaubte er, mich nicht retten zu können, wenn er sich nicht erst selbst rettete.

Ich bedauerte die Entscheidungen meines Vaters und dass er so schwach gewesen war, aber mein Schmerz konnte die Vergangenheit auch nicht ändern. Wenn ich weitergehen wollte, musste ich ihm aufrichtig vergeben, ohne dass er es hätte verstehen können. Unter dem heißen Strahl aus der Dusche erinnerte ich mich dankbar an die Busfahrt, als der Schöpfer des Universums mir zu verstehen gegeben hatte, dass er mich adoptieren wollte. Ich fühlte mich, als stünde ich unter einem heilsamen Regen, und gab still meinen Groll gegen meinen Vater auf. Und damit schien ein bisschen »Dreck« meiner Kindheit weggewaschen zu werden.

Ich seufzte tief und erleichtert. *Zwei geschafft, bleibt noch eine.*

Meiner Mutter zu vergeben, war die schwierigste Aufgabe.

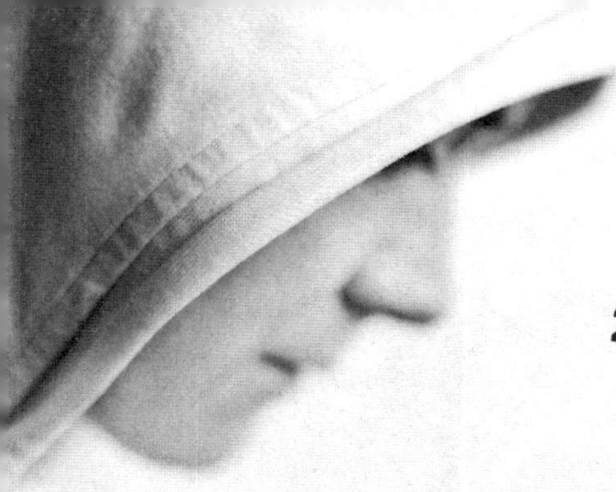

24 Meine Mutter

Meine Mutter verstehen zu wollen, war eine Mischung aus einem Besuch in einem Bild von Salvador Dalí und in einem Albtraum von Kafka. Manchmal konnte ich ihr wahres Wesen erahnen und dann tauchte eine andere negative Erinnerung auf und alles war dahin.

Wie soll ich der Frau vergeben, die für all das steht, was in meiner Kindheit schiefgelaufen ist, wenn sie nicht einmal lange genug stillhält, damit ich sie kennenlernen kann?

Als kleiner Junge hatte ich nie gewusst, wie ich mich in ihrer Gegenwart verhalten sollte. Als junger Erwachsener wusste ich, dass die Gesellschaft und die Bibel sagten, ich solle meine Eltern achten. *Aber wie kann ich eine Mutter achten, die mich entführt hat, mich Gigi vorenthalten hat und dann betrunken in meine Abschlussfeier an der Junior Highschool getaumelt ist?*

Ich konnte mich an eine kurze stabile Phase erinnern. Damals hatten Gigi und ich uns mit ihr zum Mittagessen getroffen. Sie war schlank und stilvoll gekleidet und sah umwerfend aus. Ich war stolz gewesen und hatte gehofft, alles würde besser werden. Aber ihr inneres Gleichgewicht schmolz wie ein Schneemann im Frühling und sie landete in der Psychiatrie und schließlich auf der Straße. Als ich ein Teenager war, hatten mir die Therapeuten im Kinderheim geraten, Mitgefühl mit ihr zu haben, weil sie krank war. Aber nach dem ganzen Chaos war es zu anstrengend für mich, noch irgendein Mitgefühl aufzubringen.

Joyce Mitchell, Mutter des Autors, 1967. Sie war gerade aus einer psychiatrischen Klinik entlassen worden und kämpfte in einem Rehabilitationszentrum ums Überleben.

Die Entscheidung meiner Mutter, mich ins Waisenhaus zu stecken, war ein großes Hindernis, ihr zu vergeben – besonders seit ich erfahren hatte, dass sie eine andere Wahl gehabt hätte. Offenbar hatte ein Krankenhausseelsorger sie dazu bewegen wollen, mich bei Gigi zu lassen, bis sie wieder auf die Beine kam. Aber meine Mutter lehnte es ab. Egal, wie sehr ich es versuchte, ich konnte das absolut nicht verstehen. Das war eine so grausame Entscheidung für mich gewesen.

An einem Abend, als ich wieder einmal versuchte, sie zu verstehen, erinnerte ich mich an eine Regenzeit, die ich in Afrika erlebt hatte. Gewitterwolken kamen und schwebten dicht über dem Boden, Blitze zuckten heftig vom Himmel. Der Boden unter meiner Hütte bebte.

Ich fragte mich, ob meine Mutter innerlich ständig ein solches Gewitter erlebte. Ich hatte nie ihre offizielle Diagnose erfahren. Paranoia? Schizophrenie? Manische Depression? Alles zusammen oder noch etwas anderes? Egal, wie er hieß, sie lebte in einem unberechenbaren Albtraum aus Depression, Alkoholismus, Verbitterung, Wut und Desorientierung.

Mal empfand ich ihr gegenüber Mitleid, mal Wut, immer aber stand fest: Ich wollte sie nicht in meinem Leben haben! Allein der Gedanke, mich mit ihr auseinandersetzen zu müssen, bereitete mir Magenschmerzen.

Sie wird zur Hochzeit kommen wollen, wenn ich heirate. Wie kann ich verhindern, dass sie davon erfährt? Wer weiß, was sie anstellt, wenn sie herausfindet, dass sie nicht eingeladen war, oder was sie meiner Frau gegenüber sagt, falls sie sich je kennenlernen?

Womöglich sagt sie: »Da ich nun mal deine Mutter bin, warum kann ich nicht zu euch ziehen?«

Wenn ich ihr tatsächlich vergebe, wie soll ich damit umgehen? Und was wäre mit unseren Kindern? Werde ich sie vor ihrer psychisch kranken Großmutter verstecken müssen?

Es war nicht so, dass Mutter böse war; ich wusste, dass sie einfach krank war. Mal litt ich mit ihr, weil sie so gefangen war in ihren Problemen, dann wieder dachte ich an all das Leid, das sie mir in meiner Kindheit zugefügt hatte, und reagierte eisig.

Um Pauline und meinem Vater zu vergeben, hatte ich innere Mauern durchbrechen müssen, aber meine Mutter zu verstehen, war noch viel schwieriger. Ich konnte das Chaos in Joyce Mitchells Herz, Seele und Verstand einfach nicht sortieren. Mit einiger Mühe konnte ich sie als Opfer betrachten, das gegen ihre seelische Dunkelheit ankämpfte und immer wieder verlor.

Aber war das genug? Ich musste immer wieder über das fünfte Gebot, »Ehre deinen Vater und deine Mutter«, nachdenken. *Wie soll das gehen?*, jammerte ich. *Wie soll ich jemanden ehren, der das einfach nicht verdient hat?*

Nach zahllosen Stunden mit solchen Gedanken kam ich endlich zu dem Schluss, dass Joyce Mitchell auf gewisse Weise ihr Recht verwirkt hatte, meine Mutter zu sein. Sie hatte mir das Leben geschenkt, aber damit war ihre Aufgabe nicht erledigt gewesen. Mütter sollen ihre Kinder lieben und für sie sorgen, und in meinen Augen hatte sie beides nicht getan.

Am Ende beschloss ich, dass ich die Frau, die mich geboren hatte, durch nichts anderes ehren konnte als durch meine Vergebung. Es war an der Zeit, meine Verbitterung loszulassen und weiterzugehen, ohne genau zu wissen, ob sie immer für ihre Handlungen verantwortlich gewesen war. Aber zu beschließen, jemandem zu vergeben und das auch zu tun, sind zwei Paar Schuhe. Vom Verstand her war mir klar, dass Vergebung ein entscheidender Schritt für meine innere Heilung war. Aber gefühlsmäßig kam ich nicht hinterher, so sehr ich mich auch bemühte.

Wie soll das gehen, Gott?, betete ich. *Wie kann ich dieser Person vergeben, die mich so sehr verletzt, blamiert und misshandelt hat?*

Das Schweigen, das folgte, kannte ich inzwischen.

Mein innerer Kampf erreichte seinen Höhepunkt an einem Sonntagnachmittag. Ich hatte inzwischen ein Magengeschwür bekommen und schluckte Säureblocker direkt aus der Flasche. Das Magengeschwür machte mir ausgerechnet dann wieder zu schaffen, als die Medizinflasche leer war. Ich lief zu einer Apotheke in der Nähe des Campus. Geschlossen! Ich hielt mir den Magen und schlich zurück zum Wohnheim.

Mein Zimmergenosse war übers Wochenende weg. Ich saß vornübergebeugt auf meiner Bettkante und fand sogar den Tod verlockend. Da griff ich nach meiner Bibel. *Bitte hilf mir*, betete ich.

Ich schlug die Bibel auf. Dort las ich: »Überlasst all eure Sorgen Gott, denn er sorgt sich um alles, was euch betrifft!«

Ich hatte diese Worte schon öfter gelesen, aber es war, als wären sie genau in diesem Moment geschickt worden, als ich sie brauchte. Langsam glitt ich auf meine Knie und kapitulierte. *Ich gebe auf, Gott. Ich gebe alles auf, die Angst, die Verletzungen, den Schmerz. Ich kann ihr noch nicht vergeben, aber ich gebe dir meine Wut auf meine Mutter. Nimm sie. Bitte! Nimm sie einfach.*

Es kam mir so vor, als kniete ich eine Ewigkeit auf dem Boden. Schließlich fand ich die Kraft, aufzustehen und mich wieder auf die Bettkante zu setzen. Innerhalb einer Stunde ließen die Magenschmerzen nach und ich sank in einen tiefen Schlaf. Am Montagmorgen war ich noch immer schmerzfrei und zwei Wochen später war klar, dass das Magengeschwür verschwunden war – ebenso wie ein Großteil der Angst und der Wut, die sich angestaut hatten.

Rund drei Wochen später fragte ich mich: *Bist du jetzt bereit, Rob? Bist du bereit, deiner Mutter zu vergeben?*

Ich hatte zwar ein komisches Gefühl im Magen, aber mir wurde klar, dass Gott mir gezeigt hatte, dass er alles regeln konnte. Also betete ich laut: »Ich möchte, dass das hier echt ist. Ich will mich nicht selbst belügen und dich bitten, mir zu helfen, meiner Mutter zu vergeben, wenn ich es in Wirklichkeit nicht ernst meine.«

Ich bat Gott um Hilfe, damit ich erkannte, ob ich bereit war, indem er mir Frieden darüber gab. Die ganze nächste Woche über umgab mich eine tiefe Ruhe. Ich wusste, dass die Zeit gekommen war.

Mit zweiundzwanzig Jahren kniete ich nieder und bat Gott endlich, dass er mir half, meiner Mutter zu vergeben.

Vor drei Monaten hatte ich mich darangemacht, Pauline und meinen Eltern zu vergeben. Die Reise war vielleicht noch nicht vorüber, aber die Wunden konnten jetzt aufhören zu eitern und würden schließlich heilen, selbst wenn Narben zurückblieben.

Ich hatte beschlossen, kein Opfer zu sein, das von einem Kindheitstrauma gelähmt war, und nun fühlte ich mich frei – als hätte mir jemand schwere Ketten von den Beinen genommen. Ich war frei, überall hinzugehen, wohin das Leben mich führte.

Worauf ich hoffte, war völlig klar: Meine Sehnsucht nach einer echten Familie war nie verloschen. Dafür musste ich eine Frau finden, die über meine Vergangenheit hinwegsehen konnte – falls es so jemanden gab.

25 Jungen wie ich

Noch waren am Horizont keine Kandidatinnen für das Amt einer Frau Mitchell aufgetaucht. Dafür konnte ich schon mal ausprobieren, wie ich mit Jugendlichen klarkam. Ich meldete mich als ehrenamtlicher Mitarbeiter in einem Heim für verhaltensgestörte Jungen und leitete montagabends eine Bibel- und Gesprächsgruppe.

Ziemlich bald forderten sie mich heraus: »Was glaubst du eigentlich, wer du bist?«, fauchte mich ein abgehärteter Zwölfjähriger an, der mir Auge in Auge gegenüberstand und mich feindselig anstarrte. »Du hast überhaupt keinen Plan, wo wir herkommen!«

Ich packte ihn am Kragen, hob ihn vom Boden und drückte ihn gegen die Wand. Als seine Füße baumelten und seine Augen immer größer wurden, sagte ich mit ruhiger Stimme: »Du hast keine Ahnung, wo ich herkomme. Jetzt setz dich hin und hör zu.«

Der Junge starrte mich an, als ich ihn auf einen Stuhl plumpsen ließ. Die anderen verfolgten sprachlos, was ihrem selbst ernannten Anführer gerade geschah.

»Jetzt habe ich wohl eure ungeteilte Aufmerksamkeit ...«, sagte ich. »Ich weiß, wie es euch ergeht. Ich habe in eurer Haut gesteckt. Mit drei Jahren wurde ich in ein Waisenhaus abgeschoben und habe vierzehn Jahre dort verbracht.«

Acht Augenpaare weiteten sich. Keiner sagte ein Wort.

Dann sprudelten die Fragen nur so.

»Wo hast du gelebt?«

»Illinois.«

»Du warst erst drei?«

»Richtig.«

»Was ist passiert?«

»Mein Vater hat uns verlassen, sich eine Knarre an den Kopf gehalten und den Abzug gedrückt.«

»Meiner kam bei einem Drogenkampf um! Hat dein Vater sich umgebracht?«

»Nein, aber er hat sich das Gehirn zermatscht. Er wird in einer psychiatrischen Klinik bleiben, bis er stirbt.«

»Meiner ist noch die nächsten zehn Jahre im Gefängnis. Ich besuche ihn manchmal. Es ist ihm egal. Hast du mal deinen Vater besucht?«

»Nein, ich besuche ihn nicht. Er würde nicht wissen, wer ich bin.«

»Was ist mit deiner Mutter? Wo ist sie?«

»Stadtstreicherin auf den Straßen von Chicago, mal in Obdachlosen- und Übergangsheimen, mal nicht.«

»Meine ist eine Säuferin.«

In den kommenden Wochen wurden sie lockerer, weil sie erkannten, dass ich einer von ihnen war, und suchten meinen Rat.

Ich hatte es immer vermieden, mit »normalen« Leuten über meine Kindheit zu sprechen, weil ich dann irgendwie seltsam gewirkt hätte. Aber an diesem Ort war es in Ordnung.

Für diese Jungen bedeutete jemand, der vierzehn Jahre im »System« verbracht hatte, nicht im Gefängnis saß und beinahe das College beendet hatte, Hoffnung, dass sie es auch schaffen konnten. Mir wurde klar, dass ich Leuten helfen konnte, die sich verlassen, ungeliebt, einsam, zurückgewiesen, wütend oder unnormal fühlten, wenn ich ihnen meine Geschichte erzählte. Was ich lange nicht für möglich gehalten hatte und erst zwei Kinder aus dem Waisenhaus geschafft hatten, wurde an einem wunderschönen Frühlingstag im Jahr 1977 Wirklichkeit: mein College-Abschluss. Als ich auf meinem Stuhl saß und mein Diplom in den Händen hielt, überrollten mich Wellen von Emotionen. Ich konnte meine stillen Tränen nicht zurückhalten.

Gott, betete ich, *hilf mir, andere zu ermutigen, die mit ihrer eigenen verletzten Vergangenheit zu kämpfen haben.*

26 Susan

Ein paar Monate nach meinem College-Abschluss lud mich mein Freund David noch einmal in den Bibelkreis auf dem Campus ein, den ich zwei Jahre lang geleitet hatte. Ein ungewöhnlicher Schneeeinbruch hätte mich fast abgehalten, aber in letzter Minute fuhr ich doch.

In einem anderen College am anderen Ende der Stadt überredete Davids Freundin Annette am selben Tag zwei Freundinnen, nach Guilford zu fahren und mit David und einigen Footballkumpel eine Schneeballschlacht zu machen. Als die Mädchen unangekündigt vor seinem Zimmer auftauchten, sagte David: »Super Idee! Aber erst nach dem Bibelkreis.« Die drei Mädchen waren Christen und gingen mit zum Bibelkreis.

Als ich ankam, klappte mein Kiefer herunter und mir blieb die Spucke weg: Da stand die schönste Frau, die ich je gesehen hatte. Ihr blondes Haar fiel ihr fast bis zur Taille und betonte ihre Figur, um die sie jede andere Frau beneidet hätte. Mein Herz raste, ich war hin und weg. Ich konnte mich nur mit äußerster Mühe auf die Bibelarbeit konzentrieren.

Gott, bitte hilf mir, betete mein neues Ich. *Bitte schenke, dass sie keinen Freund hat, wenn ich mit ihr in Kontakt komme. Hilf mir, einen guten ersten Eindruck zu machen, und gib mir reine Gedanken, so wie du es willst.*

Mein altes Ich dachte nur immerzu: *Ahuuuuu! Der Wolf geht auf die Jagd!*

„Dort stand die schönste Frau, die ich je gesehen hatte" (Susan Davis, 1975).

Nach dem Abschlussgebet begrüßte ich ehemalige Kommilitonen, dann arbeitete ich mich zu Annette und ihren Freunden vor, umarmte Annette, lernte ein Mädchen namens Phyllis kennen – und drehte mich zu der schönen Blonden um.

Ich war zu keinem klaren Gedanken fähig. Sie gab mir sanft die Hand und sagte: »Hallo, ich bin Susan.«

Endlich merkte ich, dass sie vorsichtig versuchte, ihre Hand aus meinem Griff zu befreien. Mein Begrüßungsspruch war brillant: »Ihr geht also mit Annette aufs College?«

Susan warf mir einen skeptischen Blick zu, antwortete aber: »Ja, Annette und ich studieren beide Innenarchitektur.«

»Entschuldige die Frage, aber was muss man sich darunter vorstellen?« Meine eigene Frage ließ mich zusammenzucken. *Halt die Klappe! Hör auf zu reden!*

»Raumplanung für Wohn- und Geschäftsräume«, erwiderte sie.

Pass auf, du Idiot, warnte ich mich selbst. *Sie antwortet in kurzen Sätzen. Reiß dich zusammen.*

Susan drehte den Spieß um. »Und was studierst du?«

»Ich habe im Frühjahr meinen Abschluss gemacht und will Theologie studieren.« Ich wusste, dass sie das beeindrucken würde.

»Oh, und zu welcher Kirche gehörst du?«

Mir fiel die Antwort nicht ein, also stammelte ich: »Christlich.« So weit, so beeindruckend.

»Tja, war nett, dich kennenzulernen«, sagte Susan höflich. »Wir müssen dann los.« Sie drehte sich um und ging mit Annette und Phyllis hinaus, die die Augen verdrehten.

Ich wollte hinterherrennen, blieb aber wie angewurzelt stehen. Ich wollte rufen: »Warte!«, aber sagte keinen Ton. David winkte mir zum Abschied grinsend zu, als er ihnen ins Freie folgte. Ich wagte nicht mitzukommen.

Susans Körpersprache signalisierte deutlich, dass das Interesse nicht auf Gegenseitigkeit beruhte. Aber sie hatte etwas Besonderes und das war nicht nur ihre atemberaubende Schönheit. Ob aus Eitelkeit, aus Lust oder einem tieferen Antrieb, ich plante den nächsten Schritt.

Susan und Annette wohnten auf demselben Flur und ich flehte David an, mir die Nummer des Telefons zu geben, das in der Nähe von Susans Zimmer hing, bat aber, ihr nichts davon zu sagen. Ich wollte sie einladen, bevor sie mich völlig abschrieb.

Drei Wochen lang rief ich immer wieder auf Susans Flur an. Weil ich fürchtete, dass sie ablehnen würde, wenn sie wüsste, wer anrief, hinterließ ich nie meinen Namen.

Endlich bekam ich sie ans Telefon. Als ich ihre Stimme hörte, konnte ich kaum sprechen. Schließlich sagte ich: »Susan, hier ist Rob, ein Freund von David. Wir haben uns vor einigen Wochen im Bibelkreis getroffen.«

»Ja, ich erinnere mich«, sagte sie höflich, aber ohne Begeisterung.

»Ich glaube, ich hab keinen besonders guten Eindruck gemacht«, sagte ich und rezitierte, was ich vorher eingeübt hatte. »Aber ich würde mich wirklich freuen, wenn du mir die Chance geben würdest, mich kennenzulernen. Könnten wir vielleicht ins Kino gehen, nächste oder übernächste Woche?« Ich war vollkommen auf eine Abfuhr vorbereitet und hielt die Luft an.

»Solange es irgendwas Unverfängliches ist, geht das in Ordnung.«

Jawoll!, jubelte ich innerlich. Dann redete ich innerlich warnend auf mich ein: *Jetzt komm wieder runter. Fass dich kurz. Laber nicht wie ein Idiot und mach diese Chance nicht wieder kaputt.*

»Super!«, sagte ich mit einem Zehntel der Begeisterung, die ich spürte.

Beim Anblick meines Autos huschte ein entgeisterter Ausdruck über Susans Gesicht. Der Ford Fairlane Kombi, den ich für dreihundert Dollar gekauft hatte, hatte außer einem funktionierenden Motor und Getriebe wenig zu bieten. Ich hatte die Innenverkleidung der Tür entfernen und ein Kantholz einsetzen müssen, damit die Scheibe in der Beifahrertür hielt. Der Boden war stellenweise so verrostet, dass man unter den Füßen die Straße sehen konnte, und nur eine Sperrholzplatte verhinderte, dass ich durchfiel. Die Vinylsitze waren speckig und abgenutzt. Sicherheitsgurte waren damals nicht vorgeschrieben und daher nicht vorhanden.

Die Teenager in meiner Jugendgruppe nannten dieses Stück Schrott »Wunderkarre«, weil es ein Wunder sei, dass er noch lief.

Unterwegs fragte ich: »Geht's hier zum Kino?«

»Du hättest vor ein paar Straßen abbiegen müssen.«

Hey, hier ist ja gar kein Verkehr, dann mache ich doch einfach eine Kehrtwendung ... Ohne Vorwarnung bremste ich ab und riss das Lenkrad scharf nach links.

Susan rutschte über den Sitz, knallte gegen die Beifahrertür und landete mit dem Hinterteil auf dem Boden und mit den Beinen in der Luft. Kein glamouröser Anblick. Sie war geschockt. Ich auch.

Ich hielt am Straßenrand, half ihr heraus und bat mehrfach um Entschuldigung. Mir brach überall der Schweiß aus und ich wartete nur darauf, dass sie sagte: »Ruf mich nie wieder an.«

Stattdessen meinte sie: »Kein Problem, Rob. Fahren wir einfach ins Kino.«

Ich konnte es kaum fassen, aber sie ließ sich sogar auf ein zweites Date ein. Wir gingen in mein Zimmer und unterhielten uns lange. Dann holte ich meine Gitarre hervor und wir sangen zusammen.

Als ich sie zu meinem Auto brachte, blieb sie stehen und bemerkte, wie wunderschön die Sterne auf dem Land schienen. Spontan drehte ich sie zu mir um, schlang meine Arme um sie und hielt sie zärtlich fest. »Du passt perfekt zwischen meine Schultern«, sagte ich.

Es klang wie eine Anmache, aber wir schienen tatsächlich zusammenzupassen. Nach einem kurzen Kuss brachte ich sie nach Hause.

Das sah nach einer vielversprechenden Beziehung aus, dachte ich. Aber bald stellte sich heraus, dass meine Vergangenheit die Situation beträchtlich verkomplizierte.

Vor unserer dritten Verabredung wollte ich noch schnell duschen und mich umziehen. Aber kaum war ich im Haus, kam meine Vermieterin aus der Küche geeilt. »Warten Sie mal, Rob. Ich muss mit Ihnen reden.«

Ich stieg bereits die Treppe hinauf und rief über die Schulter zurück: »Tut mir leid, ich bin spät dran. Können wir morgen darüber reden?«

»Nein, Rob«, sagte sie energisch.

Das machte mich stutzig.

»Ich weiß nicht, wie ich Ihnen das beibringen soll, Rob, aber …« Sie senkte die Augen und ihre Stimme wurde brüchig. »Ich habe heute Morgen einen Anruf bekommen, es tut mir sehr leid. Ihre Mutter ist gestorben.«

Ich zögerte. Dass ich keine Trauer empfand, würde sie sicher nicht verstehen. »Ich bin in einem Waisenhaus aufgewachsen, nicht bei meinen Eltern«, sagte ich vorsichtig. »Das ist ziemlich kompliziert. Ich verspreche Ihnen, morgen mehr zu erzählen, und bis dahin halten Sie mich bitte nicht für ein Ungeheuer, weil ich nicht traurig bin, dass meine Mutter gestorben ist. Sie war kaum eine Mutter für mich.«

Meine Vermieterin war sprachlos, aber offenbar sah sie ein, dass ich meine Gründe haben musste, um so zu empfinden, also nickte sie, drehte sich um und ging zurück in die Küche.

Nachdem ich mich umgezogen hatte, holte ich Susan ab. Ich brachte es nicht über mich, ihr vom Tod meiner Mutter zu erzählen. Ich wusste, dass Susan sehr einfühlsam war. Aber ich fühlte mich nicht frei genug, ihr so etwas zu erzählen.

Wie kann ich ihr erklären, dass der Tod meiner Mutter keine große Sache ist?, überlegte ich. *Wie kann ich ihr bloß vermitteln, dass ich in Wahrheit sogar erleichtert bin?*

Seit ich meiner Mutter vergeben hatte, hatte ich mich zweimal mit ihr getroffen. Leider war sie nicht klar genug bei Verstand gewesen, um ihr davon zu erzählen.

Ich war nicht glücklich, dass sie tot war, aber ich war auch nicht traurig. Wenigstens war sie dem Elend entflohen, in dem sie vierundfünfzig Jahre lang gelebt hatte. Ich hoffte, dass ihre Seele endlich Frieden gefunden hatte.

27 Die Beziehung

Susan und ich schwankten zwischen heiß und kalt. Mal kamen wir uns näher und die Hoffnungen stiegen in den Himmel, dann wurde es einem von uns oder beiden unangenehm und wir zogen uns zurück. Diese Trennungen dauerten nie länger als zwei oder drei Wochen. Am Ende riefen wir uns wieder an und verabredeten uns.

Ich hatte niemanden, der mich durch dieses unbekannte Terrain begleiten konnte. Mir fielen nur Fernsehserien ein, in denen die Paare innerhalb einer halben Stunde Lösungen für all ihre Probleme fanden. Ich wollte eine Familie haben, aber ich wusste nicht, wie das funktionierte.

Das wurde deutlich, als ich Susan eines Tages erklärte: »Ich weiß nicht genau, wo ich nach dem Sommer landen werde.«

Ihre Antwort rüttelte mich wach. »Ich weiß nicht, ob ich unsere Beziehung weiterführen oder beenden soll. Aus uns könnte mehr werden, als du zugeben willst. Aber ich bin mir nicht sicher, ob ich hier so lange warten will, bis du dich für uns entschieden hast.«

Ich wechselte schnell das Thema, weil ich nicht erklären konnte, dass ich mich auf keinen Fall trennen wollte, aber Angst hatte, mich festzulegen.

Irgendwie hielt Susan es lang genug mit mir aus, um mich zu ihrer Familie einzuladen.

Ihre Mutter hatte einen köstlichen Braten mit Kartoffelbrei, Soße, Gemüse und Brötchen gemacht, ein Festessen für mich.

Susans Brüder waren beide im Teenageralter und ich sah, dass

Robs wilder Bart, typisch für das Jahr 1978, spiegelt auch seine unruhige Beziehung zu Susan in diesem Jahr wider.

sie nur eine Portion aßen. Ich nahm an, dass sie vorher viel genascht hatten. Als ich Susans Mutter für das Essen lobte, lächelte sie und sagte: »Nehmen Sie sich nach, wenn Sie mögen.« Das tat ich gern.

Später erfuhr ich von Susan, dass ihre Familie von einem bescheidenen Pastorengehalt lebte und ein Braten immer mindestens zwei Tage reichte. Das erklärte, warum ich Susans Mutter zufällig flüstern gehört hatte: »Lass es nicht zu ernst werden, Liebling. Ihn satt zu kriegen wird unerschwinglich!«

Trotzdem hinterließ mein Antrittsbesuch keine negativen Spuren. Als Susan und ich nach Greensboro zurückkehrten, schien unsere Beziehung besser zu laufen.

Ungefähr fünf Monate nachdem wir uns kennengelernt hatten, beschloss ich, herauszufinden, ob Susan mit meiner Kindheit umgehen konnte. An ihrer Reaktion wollte ich ablesen, ob wir unsere unverbindliche Beziehung vertiefen konnten.

Ich hatte Angst, aber eines Abends sagte ich schließlich: »Susan, ich muss dir von meiner Vergangenheit erzählen. Können wir zum Golfplatz gehen? Wenn wir laufen, ist es vielleicht etwas einfacher.«

Mein Herz raste. Susan hörte meine Geschichte ohne Unterbrechung an. Am Ende fügte ich hinzu: »Wenn du jetzt lieber nicht mehr mit mir zusammen sein willst, habe ich volles Verständnis.«

Wir schwiegen lange. Mit jedem Schritt schien mir mein Herz einen Zentimeter weiter in die Hose zu rutschen.

Endlich blieb Susan stehen und wandte sich mir zu. »Warum hast du das am Ende gesagt?«, fragte sie. »Warum glaubst du, dass ich nur wegen deiner erbärmlichen Kindheit nicht mit dir zusammen sein will? Ich verliere doch nicht den Respekt vor dir, nur weil du das alles durchgemacht hast. Ich bin sogar beeindruckt, dass du trotz deiner Kindheit so viel aus dir gemacht hast. *Natürlich* will ich noch mit dir zusammen sein.«

Vielleicht hätte mein Herz einen Freudensprung gemacht – wenn ich nicht so erschöpft vom Erzählen gewesen wäre. »Ich beantworte gerne alle Fragen, die du hast«, sagte ich, »aber kann das vielleicht bis zu einem anderen Mal warten? Es war schwer, den Mut aufzubringen, dir das alles zu erzählen. Du ahnst gar nicht, wie dankbar ich für deine Reaktion bin. Aber ich würde heute gerne nicht weiter darüber reden. In Ordnung?«

Susan nickte. Schweigend zog sie mich an sich und hielt mich fest.

Ich konnte kaum glauben, was gerade geschah. Ich hatte mir eine Abfuhr ausgemalt. *Kann das wahr sein?*, dachte ich. *Habe ich wirklich eine Frau gefunden, die mich trotz der Geisteskrankheit meiner Eltern und meiner ungewöhnlichen Kindheit akzeptieren kann?*

In den nächsten Wochen distanzierte ich mich ein wenig und rüstete mich für den Fall, dass sie es sich anders überlegte. Ich musste mir eingestehen, dass mich das heftiger schmerzen würde, als ich es für möglich gehalten hatte. Keine andere Frau hatte mir je so viel bedeutet wie Susan.

Aber zugleich befielen mich verschiedene Ängste. *Wie viel kann ich offenbaren, ohne wie ein Monster zu wirken? Wie viel kann ich ihr erzählen und versuchen, mit ihr aufzuarbeiten, bevor ich ihr zu seltsam erscheine? Wenn das die Frau ist, die ich heiraten soll, bin ich wirklich fähig, diese lebenslange Verpflichtung einzugehen?*

28 Getrennt

Im Sommer 1978 wollte ich eine große Tour durch die USA unternehmen. Wenn Susan und ich uns trafen, werkelte ich häufig an meinem Kleintransporter, um ihn zu einem Campingmobil umzubauen. Ich redete fast pausenlos vor Begeisterung, während Susan mir wortlos das Werkzeug reichte.

Ich wollte dreieinhalb Monate unterwegs sein, campen, im Wagen schlafen oder bei Freunden übernachten. Ich überging Susans Bedenken bis zum Abend vor meiner Abreise.

»Ich weiß, dass du fest entschlossen bist, deine Reise zu unternehmen, Rob«, sagte sie. »Aber könntest du nicht auch mehrere kleine Touren machen?«

»Eigentlich nicht«, antwortete ich. »Jetzt ist die perfekte Zeit, vielleicht bin ich nie wieder so frei von Verpflichtungen.« Das klang nicht sehr einfühlsam, also fügte ich schnell hinzu: »Ich komme zurück, Susan. Ich werde nur ein paar Monate weg sein.«

Ich versuchte das Thema zu wechseln, aber sie war hartnäckig. »Und was, wenn du auf deiner Reise irgendeinen Ort findest, an dem du bleiben willst?«

Schwere Frage, dachte ich. »Tja, Süße, ich kann nicht versprechen, dass ich wiederkomme, aber du bist ja hier – das ist doch ein guter Grund.«

Kaum hatte ich den Satz gesagt, wusste ich, wie idiotisch er gewesen war. Aber es war zu spät. Susans Schweigen beendete jedes Gespräch.

Ich fuhr sie zurück zum Wohnheim, umarmte sie, während sie sich gegen die Tränen wehrte, küsste sie und sagte, dass ich sie anrufen würde, so oft ich konnte. Sie ging ins Wohnheim, ohne mich anzuschauen.

Warum hast du das gesagt?, überlegte ich, als ich wegfuhr. Diese umwerfend schöne, talentierte, intelligente Christin wollte die Zukunft mit mir verbringen. Und trotzdem versuchte ich, mir alle Möglichkeiten offenzuhalten. *Warum dankst du Gott nicht auf Knien, dass er sie dir geschickt hat? Warum zögerst du und glaubst, es könnte jemand noch Besseres kommen?* Ich hatte keine Ahnung.

Am nächsten Morgen fuhr ich mit meinem rollenden Zuhause gen Westen. Dreieinhalb Monate lang reiste ich herum, wanderte und sah Amerika, von den Blue Ridge Mountains bis zur Olympic-Halbinsel im Staat Washington – und wieder zurück. Dazwischen besuchte ich Gigi, die mittlerweile vierundachtzig war, traf mich mit Nola im Kinderheim, paddelte drei Tage lang auf dem Rogue River und genoss die großen Naturwunder vom Grand Canyon bis zum Crater Lake in Oregon.

Zwischendurch rief ich Susan aus einer Telefonzelle an. Wenn ich sie erwischte, kam sie kaum zu Wort, wenn ich kurz all meine Abenteuer zusammenfasste und ihr sagte, dass ich bald wieder anrufen würde.

Als ich schließlich nach North Carolina zurückkam, wartete Susan in der Auffahrt auf mich. Wieder einmal raubte ihre Schönheit mir den Atem. Sie hörte stundenlang zu, als ich ihr ohne Unterbrechung von der Reise erzählte.

Ich drehte mich so sehr um mich selbst, dass ich dachte, mit unserer Beziehung wäre alles in Ordnung. Wir würden einfach so weitermachen wie bisher. Aber damit lag ich daneben.

»Mir ist immer noch schleierhaft, wie du auf die Idee kommen konntest, so lange wegzugehen, ohne mir zu versprechen, dass du zurückkommst und wir zusammenbleiben«, erklärte sie, als ich endlich realisierte, dass nicht alles in Ordnung war.

Hey, ich bin zurückgekommen, oder etwa nicht?, wollte ich sagen, aber ich ließ es bleiben.

Im Sommer des Jahres 1978 sah man den Autor auf einer Rucksacktour im Grand Canyon. Seine große Tour durch die USA hat Susan, die er allein zurückließ, nicht sonderlich beeindruckt.

»Woher wusstest du, dass ich hier auf dich warten würde? Du hast mich nicht um ein Versprechen gebeten. Du hast mich einfach als selbstverständlich hingenommen und erwartet, dass ich auf Abruf hier sein würde, *falls* du dich entscheiden würdest, zurückzukommen.«

Ich war klug genug, den Mund zu halten.

»Ich bin froh, dass du wieder da bist, Rob, und dass du dich noch immer zu mir hingezogen fühlst. Aber ich frage mich, ob ich einfach eine Übergangslösung bin, bis dir jemand Besseres über die Quere läuft.«

Warum müssen Frauen immer so emotional werden?

»Okay, Süße, ich hab's kapiert«, sagte ich. »Ich hätte mehr auf deine Bedenken hören sollen. Ich war so mit der ganzen Reise beschäftigt, dass ich gar nicht gemerkt habe, dass du an meinen Gefühlen für dich gezweifelt hast. Es tut mir wirklich leid. Bitte schreib mich nicht ab. Gib mir eine Chance, unsere Beziehung wieder aufzubauen.«

Sie sagte mir nicht, ich solle verschwinden. Aber ich stand auf unsicherem Boden und ich wusste es.

Ich zog in ein Zimmer meiner ehemaligen Vermieterin und begann bei einer kleinen Firma zu arbeiten, die neue Technologie für elektronische Kassen vermarktete. Susan war in der Endphase ihres Diploms für Innenarchitektur. Bald würde ihr die ganze Welt offenstehen. Ich musste endlich eine Entscheidung treffen. Ich musste riskieren, Susan einen Heiratsantrag zu machen – oder sie gehen lassen.

Aber offenbar waren wir beide noch nicht reif für diesen Schritt. Eines Tages gestand mir Susan ihre Bedenken: »Ich bin mir nicht sicher, dass du mich wirklich brauchst.«

»Ich liebe dich, Susan«, versicherte ich ihr. »Aber ich kann nicht sagen, ob ich jemals jemand anderen zum Überleben brauche.«

»Aber ich brauche es, gebraucht zu werden«, sagte sie einfach.

Wie konnte ich ihr nur klarmachen, wie viel Angst es mir einjagte, mir auch nur *vorzustellen,* jemanden so sehr zu brauchen. Mich so auf jemanden verlassen zu müssen, machte mich viel zu verwundbar.

Wenn ich in meiner Kindheit irgendetwas gelernt hatte, dann war es, mich selbst zu schützen. Im Waisenhaus war dieser Reflex überlebenswichtig gewesen. Jetzt stand er meinem Traum von Familie entscheidend im Weg.

29 Angst vor Familie

Als wäre meine Panik, mich verletzbar zu machen, nicht schon belastend genug für unsere Beziehung, holten mich jetzt auch noch die Schatten meiner Eltern ein.

Wie komme ich damit klar, wenn wir heiraten sollten und Susan ebenso psychisch instabil wäre wie meine Mutter?, fragte ich mich oft. *Und wenn wir dann schon Kinder hätten, würde ich sie verlassen oder versuchen, um das Sorgerecht zu kämpfen?* Klar, viele Ehepaare trennen sich einfach, wenn es schwierig wird, und geben ihren Kindern dann eben so viel Zeit und Zuwendung wie möglich. Aber ich träumte von einer Ehe, in der wir echte Partner waren: in Bezug auf Geld, gemeinsame Ziele, Liebe und Romantik und auch auf geistlicher Ebene. Meine Kinder sollten nie fragen müssen: »Warum ist Papa gegangen?«

Aber was, wenn Susan mir Dinge verheimlicht, wie meine Mutter sie vor meinem Vater verheimlicht haben muss? Was, wenn meine Hormone mit mir durchgehen und ich alle Warnzeichen übersehe und nicht mehr rational denken kann?

Monatelang hatte ich mit diesen Was-wäre-wenn-Fragen zu kämpfen. Eines Morgens saß ich länger als üblich in meiner Gebetszeit da und wartete, dass Gott redete. Gerade als ich aufgeben wollte, kam mir ein Gedanke, auf den ich in keinster Weise vorbereitet war: *Was, wenn du das Problem bist?*

Ich schnellte hoch und öffnete die Augen. Wieder einmal waren wir am Kern der Sache angelangt. *Was, wenn es an mir liegt? Wa-*

rum habe ich nie darüber nachgedacht, dass ich verrückt werden könnte wie meine Eltern? Warum konzentriere ich mich auf Susan, wenn es doch viel wahrscheinlicher ist, dass das Problem bei mir liegt?

Wie immer hatte ich mich nur gefragt, wie andere mir schaden konnten. Aber was war mit Susan? Wie konnte ich sie dem Risiko aussetzen, dass ich den Verstand verlor?

Wenn so etwas passiert, will ich dann, dass Susan mich verlässt? Wenn wir Kinder haben, lasse ich zu, dass sie die Kinder mitnimmt, um sie vor mir zu beschützen?

Die Frage hatte mich seit meiner Kindheit geplagt und ich hatte sie auf der Rückfahrt von Chicago, nach meinem Besuch bei den Psychiatern, John gestellt: »Bin ich dazu verurteilt, so verrückt wie meine Eltern zu werden?«

Die Fragen gingen jetzt in eine andere Richtung. *Was, wenn ich wegen psychischer oder emotionaler Probleme nicht richtig funktioniere oder nicht mehr arbeiten kann? Was, wenn ich Multiple Sklerose bekomme oder eine andere neurologische Krankheit, mit der ich kein Versorger, Beschützer, Liebhaber und Vater mehr sein kann? Will ich, dass Susan mich dann verlässt, weil ich nicht mehr stark bin?*

Die Antwort schien klar: Natürlich würde ich nicht wollen, dass sie mich verlässt. Aber mich ehrlich der Realität zu stellen, dass ich der Problempartner sein könnte, dauerte viel länger.

Erst ein oder zwei Wochen später konnte ich meinen Stolz hinunterschlucken und ehrlichen Herzens sagen: *Nein, natürlich nicht! Ich würde aus keinem Grund verlassen werden wollen. Ich habe das schon durchgemacht und es sollte niemandem zugemutet werden. Selbst wenn ich einmal der Schwächere sein sollte, möchte ich, dass Susan zu mir hält und wir die Härten des Lebens gemeinsam durchstehen. Ich möchte, dass sie treu zu ihrem Versprechen steht, in guten wie in schlechten Tagen, in Gesundheit und Krankheit, in Reichtum und Armut, bis dass der Tod uns scheidet.*

Wenn ich das von meiner Frau erwartete, wie konnte ich von mir selbst dann weniger verlangen?

Immerhin wagte nicht nur ich den großen Sprung ins Ungewisse, wenn wir heirateten. Susans Sprung war vielleicht sogar größer als meiner.

Ich kam zu dem Schluss, dass die grundlegende Frage lautete: »Rob, bist du bereit, dich auf diese Frau festzulegen und ihr in jeder Hinsicht treu zu sein, egal, was kommt?« Mir war klar, wie die richtige Antwort hieß, aber sie auch laut und deutlich zu geben, kostete mich große Überwindung.

Als ich mit Susan über all die Fragen sprach, gab sie ihr Bestes, so verständnisvoll und geduldig wie möglich zu sein. Eines Abends redeten wir gemeinsam mit Gott und meine Bitte an ihn war sehr direkt: »Hilf mir, darauf zu vertrauen, dass Susan mich nicht verlässt. Gib mir die Kraft zu versprechen, auch für sie immer da zu sein.«

In der Woche danach umgab mich ein Frieden, den ich nicht erklären konnte. Endlich fühlte ich mich bereit, dieses Versprechen zu geben.

Im Spätsommer lagen wir abends in einer Hängematte unter Pinien, als ich Susan bat, mich zu heiraten. Sie gab mir keine Antwort, sondern küsste mich nur so lang und intensiv, dass ich dachte, ich ersticke.

Als sie anfing, die Hochzeit zu planen, nahm ich an, dass das »Ja« bedeutete.

Wochen später hatte Susan es allerdings immer noch niemandem erzählt. »Wann sagst du es deinen Eltern?«, fragte ich schließlich.

Sie wedelte mit ihrer linken Hand vor meinem Gesicht herum.

»Was soll das?«, fragte ich irritiert.

»Mein Finger ist nackt!«, sagte sie grinsend.

»Häh?«

»Ich habe keinen Verlobungsring, du Dummerjan. Ich hätte gern erst einen Ring.«

»Also gut, gehen wir zum Juwelier und zeig mir einen Ring.«

Offenbar hatte sie schon danach geschaut. Beim Juwelier deutete sie auf mehrere Ringe in der Vitrine. Schließlich fragte ich die

Verkäuferin, ob ich einmal einen in die Hand nehmen könne – damit ich auf das Preisschild schauen konnte.

»Susan«, keuchte ich, »die Summe ist vierstellig! Das meinst du nicht ernst, oder?«

Ich wollte sie nicht bloßstellen oder verletzen. Ich hatte einfach nur für noch nichts in meinem Leben mehr als eintausend Dollar bezahlt – nicht einmal für ein Auto.

Aber ihre Stimmung schlug augenblicklich um und sie reagierte verärgert.

»Bitte bring mich nach Hause«, flüsterte sie.

Ich war klug genug, kein Wort mehr zu sagen.

Ich redete mir bei meiner armen Vermieterin alles gründlich von der Seele.

»Was solltest du deiner Ansicht nach tun, Rob?«, fragte sie behutsam, als ich fertig war.

»Habe ich eine Wahl?«, fragte ich.

Sie brach in Gelächter aus. Als sie endlich wieder sprechen konnte, sagte sie: »Leider nein, Robby. Beiß in den sauren Apfel und schenk ihr den Klunker. Willkommen in der Welt der Ehe.«

Ich kaufte den Ring und schenkte ihn der überraschten Susan, die weinte und mich lang und stürmisch küsste.

Bald fuhren wir nach China Grove, um ihren Eltern von unserer Verlobung zu erzählen. Ihre Mutter hatte es sich schon ausgerechnet, ihr Vater nicht. Als er sich erholt hatte, war er sehr einverstanden.

Eines Abends stellte er mir eine Frage: »Rob, wenn du daran denkst, dass du bald Ehemann und hoffentlich irgendwann auch Vater bist: Wer ist nach deiner turbulenten Kindheit für dich ein Vorbild als Mann?«

In Gedanken ging ich die mögliche Liste durch: mein älterer Cousin Art; Marv, mein Sozialarbeiter aus der Highschool; Bob, der Jäger; Swaney, der stellvertretende Gruppenleiter; »Weißhemd« Dave. Unwillkürlich musste ich auch an die Frauen denken, die mein Leben gesegnet hatten: Gigi, Nola, Arts Mutter Fran, Tante Alice.

Schließlich antwortete ich meinem zukünftigen Schwiegervater: »Ich hoffe, es klingt nicht abgedreht, aber ich würde sagen, es ist am ehesten der Mann, der Jesus war. Natürlich werde ich geistlich nie so rein sein wie er, aber ich würde gern versuchen, ein solcher Mann wie er zu werden.«

»Wie meinst du das genau?«, fragte Joe.

»Na ja, er ging behutsam mit kleinen Kindern um, behandelte Frauen respektvoll, war für Männer ein Freund, verteidigte die Schwachen, blieb auch unter großen Schwierigkeiten unbeugsam, schreckte vor Heuchlern und Bösewichten nicht zurück und war Gott treu. Er scheint mir ein ziemlich gutes Vorbild zu sein.«

Joe dachte über meine Antwort nach und bat mich, es noch einfacher zu sagen.

»Ein echter Mann ist stark und zärtlich zugleich«, erwiderte ich.

Joe nickte.

»Ich möchte beides: Windeln wechseln und mit meinen Kindern kuscheln, aber auch gewichtheben und wandern und jagen.«

Irgendwann war Susan aus der Küche ins Zimmer gekommen. Sie lächelte.

»Du wirst mit mir als Ehemann und Vater Geduld haben müssen«, sagte ich. »Ich werde Anleitung brauchen. Du kannst nicht davon ausgehen, dass ich weiß, was ich tue!«

Mit einem Lächeln, einem Nicken und einem Funkeln in den Augen versicherte sie mir, dass das keine Überraschung war. »Keine Sorge«, sagte sie. »Ich brauche ein Langzeitprojekt!«

30 Der Kreis schließt sich

Im November 1979 besuchten Susan und ich das Pflegeheim in Chicago, wo Gigi ihre letzten Tage verbrachte.

Susan und ich wollten in wenigen Monaten heiraten und meine Großmutter sollte meine Verlobte kennenlernen. Vor wenigen Jahren wäre dies ein so glücklicher Moment gewesen, aber jetzt war er bittersüß und schwierig. Gigi, die mir immer den Rücken gestärkt hatte, war inzwischen sechsundachtzig und ans Bett gefesselt. Sie konnte nicht einmal zur Begrüßung aufstehen. Mal war sie sich unserer Anwesenheit bewusst, mal nicht. Sie strengte sich gewaltig an, sich aufzusetzen und zu sprechen.

Das Pflegeheim war sauber, aber es roch nach Desinfektionsmitteln und Verfall.

Man hatte Susan und mich zu dem kleinen Wintergarten gebracht, in dem die Heimbewohner saßen und nach draußen blickten.

Gelegentlich unterhielten sich die alten Leute, aber nicht oft. Die meisten schliefen zusammengesunken in Rollstühlen oder saßen in beigefarbenen und grauen Liegesesseln, die zu ihrer aschfahlen Haut passten.

Susan zog sich einen Stuhl neben Gigis Sessel, streckte den Arm aus und nahm vorsichtig eine faltige Hand in ihre. Augen, die so viel Schmerz gesehen hatten, suchten im Gesicht meiner Verlobten nach Details, die Frauen gern erkennen und Männer nicht verstehen.

Sanft lächelnd drückte Gigi Susans Hand. Ich stand dabei und der Kloß in meinem Hals war so groß, dass ich kaum sprechen und atmen konnte.

»Viele Jahre lang habe ich gebetet, dass Gott es mich noch erleben lässt, wie Rob seinen College-Abschluss macht und heiratet«, flüsterte Gigi. »Ich bin so dankbar, dass ich dich noch kennenlernen durfte.«

Sie wandte sich einer Schwester zu, die den Raum betreten hatte, und verkündete stolz: »Das ist Robs liebe Ehefrau. Sie heiraten im März.«

Wir lächelten über die kleine Verwirrung.

Sie schloss eine Weile die Augen, öffnete sie wieder und fragte: »Also, Susan, wann heiratet ihr?«

»Im März, Gigi. Rob und ich werden im März heiraten.«

Gigi sah die Träne auf Susans Wange nicht, aber ich. Meine zukünftige Frau bat mit gezwungen fröhlicher Stimme um einen Rat: »Wie in aller Welt bekomme ich diesen Mann satt?«

Gigi grinste und ihre Falten nahmen eine andere Form an. Ihre schwach geflüsterte Antwort klang wie die eines kleinen Mädchens, das seiner neuen besten Freundin ein Geheimnis anvertraut: »Er mag Schmorbraten, Kartoffelbrei und Soße, Spinat und Vanilleeis mit Schokosirup.«

Susan nickte.

»Ich muss dich allerdings vor etwas warnen«, setzte Gigi mit ernster Miene hinzu.

Überrascht beugten wir uns beide vor.

»Er ist ein lieber Junge. Aber er schnarcht wie eine Kettensäge!«

Wir lachten aus vollem Hals. Ihren Humor hatte sie noch nicht verloren. Susan wischte sich die Tränen aus den Augen und wollte dann eine weitere Frage stellen. Aber Gigi war schon wieder eingeschlafen.

Wir warteten eine Weile. In der Hoffnung, Gigi würde wieder aufwachen und mit uns reden, nahm meine zukünftige Ehefrau eine Flasche Körperlotion und cremte die Arme meiner Großmutter ein. Die seidendünne Haut saugte die Lotion rasch auf.

Ihre Augen blieben geschlossen, aber ein Lächeln erschien auf ihren Lippen. »Danke«, sagte Gigi leise.

Bald mussten wir die Tatsache akzeptieren, dass sie erschöpft und in einen tiefen Schlaf gefallen war. Es war Zeit zu gehen.

Susan stand auf, beugte sich vor und küsste Gigi auf die Stirn. Ich küsste sie auch und hielt dann meinen Kopf neben ihren in der Hoffnung, einen Hauch ihres Lieblingsparfüms zu erhaschen. Leider trug sie keines. Ich wünschte, ich hätte ihr eine Flasche davon mitgebracht.

Schweigend und Arm in Arm gingen Susan und ich nach draußen. In Wirklichkeit stützte sie mich. Ich konnte immer noch nicht sprechen.

Das war nicht die Gigi, an die ich mich erinnerte, die Gigi, der Susan begegnen sollte. Mir war nicht klar gewesen, in welchem Zustand sich meine Großmutter befand; am Telefon hatte sie stärker geklungen.

Wir waren vor allem nach Chicago geflogen, damit Gigi Susan kennenlernte. Dieses Ziel hatten wir mehr oder weniger erreicht. So reisten wir mit der Vorahnung weiter, dass der letzte Tag meiner geliebten Großmutter näher rückte.

Wir fuhren mit dem Bus nach Rockford, um den zweiten Grund unserer Reise in Angriff zu nehmen.

Als mein Cousin Art Gigi ins Pflegeheim gebracht hatte, hatte er die Möbel meiner Eltern eingelagert.

Es schien paradox, dass ausgerechnet der Auslöser für so viel Streit in der Ehe meines Vaters jetzt der jungen Familie seines Sohnes weiterhelfen sollte. Wir mieteten in Rockford einen Lastwagen und luden ein kleines Vermögen an Einrichtungsgegenständen ein.

Art hatte auch Gigis Alltagsgeschirr und einige Hochzeitsgeschenke meiner Eltern aufbewahrt: Gedecke und Gläser aus Kristall und wunderschönes altes Tafelsilber. Gigis Hoffnung, mir ein Erbe zu hinterlassen, hatte sich erfüllt. Susan und ich transportierten ihr besonderes Geschenk zurück nach North Carolina, wo wir anfingen, uns eine Wohnung einzurichten.

Unsere Hochzeitsplanungen liefen jetzt auf Hochtouren. Meine Gästeliste war kurz: die Mitchell-Verwandtschaft aus Atlanta, einige Leute aus North Carolina, meine Jugendgruppe, einige Collegeprofessoren und Freunde.

Susans Liste war wesentlich umfangreicher. Beide Eltern stammten aus Großfamilien, und aus den Gemeinden ihres Vaters sollten ebenfalls etliche eingeladen werden.

Susan und ihr Vater besprachen mehrfach am Küchentisch die Einzelheiten der Trauung und suchten Bibelverse, Eheversprechen und Lieder aus. Ich wollte »Ja, ich will« sagen, aber das waren auch schon alle meine konkreten Vorstellungen.

Bei unserer Hochzeit im März 1980 schien die Sonne. Susan trug ein cremefarbenes Kleid, ich einen passenden Smoking.

Susans Vater traute uns und strahlte mit der Sonne um die Wette. Als er unsere Hände vor dem Schlusssegen in seine nahm, konnte ich jedoch Tränen in seinen Augenwinkeln erkennen. Irgendwie schaffte er es, bis zum Ende der Zeremonie die Fassung zu bewahren.

~

Nach der Hochzeitsreise auf die wunderschöne Kiawahinsel vor der Küste von South Carolina fuhren wir in unsere kleine Wohnung in Greensboro. Wenig später klingelte das Telefon.

»Hallo Rob«, sagte mein Cousin Art. »Es tut mir leid, dass ich dich gleich wieder stören muss, aber ich habe schlechte Nachrichten.«

Er machte eine Pause und mein Herz sank. Ich konnte mir denken, warum er anrief, und winkte Susan heran.

»Gigi ist am Montag gestorben, aber ich wollte euch nicht während eurer Hochzeitsreise anrufen.«

Ich versuchte, mich zu konzentrieren. »Kannst du mir die Einzelheiten erzählen?«

»Ich war am Tag eurer Hochzeit bei Gigi. Am Nachmittag fragte sie mich immer wieder, wann ihr heiraten würdet. Jedes Mal sagte ich ihr: ›Heute, Gigi. Rob und Susan heiraten heute.‹ Als sie endlich begriff, dass dies tatsächlich der Tag war, an dem ihr heiratet, schlief sie ein und kam nicht mehr zu Bewusstsein. Ich bin dann in Chicago geblieben, bis sie starb.«

»Danke, Art. Du warst so gut zu ihr. Es tut mir leid, dass ich nicht auch bei ihr sein konnte.«

»Ich weiß, wie schwer das für dich ist, Rob«, sagte Art behutsam. »Sie hat dich sehr geliebt. Die Ärzte sagen, dass es keinen medizinischen Grund gab, warum sie so lange gelebt hat. Sie war stolz auf dich, als du deinen College-Abschluss gemacht hast. Aber sie hat sich immer noch Sorgen gemacht, weil du allein warst. An dem Tag, als du geheiratet hast, hat sie dich in Susans Hände abgegeben. Sie hat deine Frau gemocht, das weißt du, oder?«

»Ja, Art, ich weiß«, antwortete ich und rang mühsam um Fassung. »Sie hat immer versprochen, dass sie noch erleben würde, wie ich meinen College-Abschluss mache und heirate.«

»Ich bin ziemlich sicher, dass sie sich irgendwie dazu gezwungen hat, bis zu eurer Hochzeit zu überleben.«

Ich brachte kein Wort heraus

Dann beschrieb er, was er zuletzt noch mit Gigi abgesprochen hatte. Ich dankte ihm für alle Freundlichkeit und dass er sich vor allem so um Gigi gekümmert hatte.

Als ich auflegte, sah Susan mich an und wartete.

»Lass uns irgendwohin fahren«, sagte ich und ging zur Tür. »Du fährst.«

Schweigend saß ich neben meiner Frau, der Tränen in den Augen standen, in unserem kleinen VW. Ich schlang die Arme um meinen Körper, schob die Hände in die Achselhöhlen und wiegte mich leicht hin und her, so ähnlich, wie ich es vor vielen Jahren weinend als kleiner Junge getan hatte, wenn Gigi ging. Damals hatte ich mich jedes Mal gefragt, ob sie zurückkäme. Dieses Mal würde sie nicht zurückkommen.

Diese einfache, arme, aber gottesfürchtige Frau hatte mich mehr als ihr eigenes Leben geliebt. Sie hatte mir alles gegeben, was sie hatte, und jetzt war sie fort. Ich konnte sie nie mehr sonn-

Rob und Susan wurden am 9. März 1980 von Susans Vater Joe getraut (Mitte). Dies war der Anfang für den Autor, seinen Traum von einer „wirklichen“ Familie zu verwirklichen.

tagnachmittags anrufen oder ihren Bostoner Schmorbraten genießen. Ich konnte ihr nicht mehr sagen, wie sehr ich sie liebte. Ich fühlte mich von dieser Endgültigkeit erdrückt.

Wir waren ungefähr zwanzig Minuten lang umhergekurvt, als Susan meinen drohenden Gefühlsaufbruch spürte. Sie steuerte einen Parkplatz an und ich begann vor Schmerz zu schluchzen. Das kleine Auto bebte, als ich mich hin- und herwiegte und von einer Trauer fortgerissen wurde, die zu groß für Worte war. Susan sagte nichts, hielt mich fest und weinte mit mir und für mich.

Schließlich sanken wir erschöpft auf den Sitz zurück, unfähig, noch eine einzige Träne zu vergießen.

Dann brachten Gott und Susan mich an einen Ort, wo ich immer hatte sein wollen. Nach Hause.

Kinder waren der nächste Schritt. Alicia, zweieinhalb Jahre, und Luke, ein Jahr alt, lieben es, auf ihrem Daddy herumzuklettern (1988).

Familie Mitchell im Jahr 2002. Von links nach rechts: Luke, Rob, Alicia, Susan.

Nachwort

Zwanzig Jahre nach Gigis Tod räumte ich alte Kisten auf dem Dachboden auf. Ich fand ihr kleines Tagebuch mit Spiralbindung und darin den folgenden Eintrag:

Robby, Liebling –
Du bist mein lieber Enkelsohn. Ich hoffe, dass du später einmal körperlich, geistlich und psychisch stark bist, ein guter Bürger dieses Landes und fähig, um die Dinge zu beschützen, an die du glaubst.
Behalte dir ein liebevolles Herz – meine Liebe wird immer mit dir sein.
Großmutter Gigi

Außerdem fand ich diese kurze Beschreibung aus der Zeit, als meine Mutter mich entführte:

Weihnachten 1962 und die ersten Monate von 1963 waren unerfreulich für Robby und mich, aber im Sommer 1963 hatten wir alles wieder unter Kontrolle.

Vielleicht sind ja Gigis Gebete für meine Zukunft und ihre nüchterne Art, mit dem Chaos in meinem Leben umzugehen, ein Teil der Erklärung, warum ich zu dem werden konnte, der ich heute bin. Das Waisenhaus, in dem ich damals aufgewachsen bin, habe ich auch buchstäblich überlebt: Es wurde im Winter 2005 abgerissen.

Glücklicherweise habe ich ein Zuhause, das niemals zerstört werden kann: die Beziehung zu meinem himmlischen Vater. Und ich freue mich auf mein ewiges Zuhause. In der Bibel steht in 2. Korinther 5,1: »Denn wir wissen: Wenn dieses irdische Zelt, in dem wir leben, einmal abgerissen wird – wenn wir sterben und diesen Körper verlassen –, werden wir ein ewiges Haus im Himmel haben.«

Susan und ich haben vor kurzem Hochzeitstag gefeiert. Seit sechsundzwanzig Jahren halten wir uns nun die Treue. Nach zweiundzwanzig Jahren als Hausfrau und Mutter arbeitet sie jetzt an ihrem Magisterabschluss in Theologie. Wie die meisten Ehepaare haben wir glückliche, erfüllte und auch schwierige Zeiten erlebt. Ich darf voller Glück sagen, dass wir uns noch immer lieben – und dass ich noch immer verrückt nach ihr bin.

Wir haben zwei großartige Kinder: Alicia hat ihr Studium der Gemeindepädagogik *cum laude* abgeschlossen und einen liebenswerten Mann geheiratet, Chad. Unser Sohn Luke ist neunzehn, hat mit seiner Gesangsbegabung ein Stipendium bekommen, spielt mehrere Instrumente und hört sich gerade in der Musikbranche um, wie er seine Begabungen für Gottes Reich einsetzen kann.

Als Alicia und Luke alt genug waren, haben wir ihnen einiges aus meiner Kindheit erzählt. Wir sind gemeinsam nach Princeton zum Kinderheim gefahren und ich bin so dankbar, dass sie nie im Entferntesten verstehen werden, was ich durchgemacht habe.

Im Jahr 1985 wurde ich Finanzberater. Ich habe geschäftlich Erfolge und Niederlagen erlebt, wurde aber im Jahr 2002 von einer führenden Branchenzeitschrift als einer der herausragendsten amerikanischen Broker gewürdigt.

Ich habe mein Versprechen an Tony Martin, den Gärtner des Kinderheims, gehalten und nie den »kleinen Mann« vergessen. Ich habe viele wohlhabende Kunden, aber auch die »kleinen« Investoren schicke ich nie fort.

Mein Vater starb 1983, drei Jahre nach unserer Hochzeit. Er wurde an einem regnerischen und stürmischen Tag im engsten Familienkreis beerdigt. Ich entschied mich für eine Trauerfeier mit geschlossenem Sarg, daher ist das Foto meines Vaters nach wie vor mein einziges Bild von ihm. Onkel Mack und alle meine Großonkel sind inzwischen gestorben, aber ich telefoniere immer noch mit Tante Alice und Mack junior und besuche sie. Ein paar Mal im Jahr schaue ich auch bei Nola vorbei, die aus dem Dienst ausgeschieden ist und später noch geheiratet hat. Paul, mein »Mitinsasse«, ist wie ein Bruder für mich. Auch zu Marv, Dave, Swaney und meinem Sozialarbeiter John habe ich noch Kontakt.

Wenn Leute meine Geschichte hören, fragen sie mich hinterher oft: »Wie hast du es geschafft zu überleben und der Mann zu werden, der du heute bist?«

Die Antwort ist vielschichtig, aber im Grunde gilt die schlichte Wahrheit: Ich konnte meine Umstände nicht ändern, aber ich konnte mich entscheiden, wie ich mit ihnen umgehen wollte. Einen Menschen zeichnet nicht nur aus, wie er agiert, sondern auch, wie er reagiert.

Leute hielten mich bloß für ein Heimkind, dazu verurteilt, ziellos herumzuhängen, früh zu sterben oder im Gefängnis zu landen. Genetisch gesehen lag es nahe, dass ich unter psychischen Schwierigkeiten leiden würde. Aber ich beschloss, mein Selbstbild und meine Zukunft selbst zu bestimmen. Ich hatte liebe Menschen, die mir helfen wollten, aber letztlich lag es an mir, ihre – und Gottes – Hand zu ergreifen.

Als ich mich nach Gott und der Hoffnung ausstreckte, die er jedem unabhängig von Herkunft, Sprache oder Kultur anbietet, habe ich erkannt, dass nichts, worunter ich leiden muss, weder Misshandlung noch Gleichgültigkeit, nichts, das geschehen ist oder je geschehen wird – auch nicht der Tod –, mich von der Liebe Gottes trennen kann. Aus dieser Liebe heraus konnte ich anderen vergeben und meine schmerzliche Vergangenheit hinter mir lassen – so, wie sie vielen anderen geholfen hat zu vergeben und Freiheit zu finden.

Mit meiner Geschichte möchte ich ausgestoßenen Kindern Hoffnung vermitteln und jeden Menschen daran erinnern, dass sein Leben zählt.

Wer das Zuhause findet, in dem er kein Gast ist, hat alle Hoffnung.

Ich bin zutiefst davon überzeugt, dass eine persönliche Beziehung zu Gott und Gemeinschaft mit anderen, die diese Beziehung leben, ein echtes Zuhause sind.

Für mich hat es mit einem schlichten, ehrlichen Gebet angefangen: *Jesus, wenn du wahr bist, komm in meinen Albtraum. Vergib mir meine Sünden und verändere mich.*

Ich wünsche dir, dass du Antworten findest, wenn du dich zuversichtlich mit den Schwierigkeiten deiner Vergangenheit auseinandersetzt, dich deiner aktuellen Situation stellst und in die Zukunft schaust. Ich würde mich freuen, wenn du mit mir sagen könntest, was Saulus aus Tarsus so gut auf den Punkt gebracht hat:

> *Ich bin noch nicht alles, was ich sein sollte, aber ich setze meine ganze Kraft für dieses Ziel ein, indem ich die Vergangenheit vergesse und auf das schaue, was vor mir liegt.*
> *Philipper 3,13*

Zum Weiterlesen

Dieses Buch enthält Verweise auf andere literarische Werke und die Bibel. Im Folgenden eine Liste der Werke und Abschnitte, denen sie entnommen sind.

Kapitel 4

»Jetzt übermannte mich eine Trauer, die zu groß war für Worte.« Siehe Römer 8,26.

Kapitel 12

Ungefähr zu dieser Zeit las ich das Buch *Ich war ein Sklave* von Booker T. Washington, einem ehemaligen Sklaven, der Pädagoge geworden war. Siehe: *Ich war ein Sklave* von Booker T. Washington, Wien: Verlag für Jugend und Volk, 1958.

Kapitel 14

»Eines Tages fragte ich ihn: ›Wie kann jemand an eine Hoffnung glauben, die er nicht sehen kann?‹« Vergleiche mit Hebräer 11,1.

Kapitel 18

»*Dieser Kerl wurde hungrig, durstig und müde. Er hat sich sogar die Füße schmutzig gemacht.* Darüber hatte ich noch nie nachgedacht.« Siehe Markus 11,12; Johannes 19,28; Markus 6,31; Johannes 13,3-17.

»*Er wurde von denen im Stich gelassen, denen er vertraut hatte.* Damit konnte ich mich identifizieren.« Siehe Markus 14,43-46.

»Dann las ich einen Vers, der mich vom Hocker haute. *Dieser Mann hat gesagt, dass er Gott ist!*« … »Offenbar war diese Behauptung so anstößig für die religiösen Anführer seiner Zeit, dass sie einen Plan schmiedeten, ihn umbringen zu lassen.« Siehe Johannes 8,51-59.

»Entweder war Jesus ein Verrückter, oder er log mit seiner Behauptung, er sei Gott – oder er war tatsächlich der, der er zu sein behauptete.« Siehe: *Pardon, ich bin Christ* von C. S. Lewis, Basel, Gießen: Brunnen-Verlag, 2001.

»Es überraschte mich, dass Jesus wütend wurde.« Siehe Markus 3,5.

»Heuchelei machte uns beide wütend; das fand ich gut.« Siehe Matthäus 23,13-33.

»Er war frustriert über bestimmte Leute, das ging mir auch so.« Siehe Markus 3,5.

»Ich stellte fest, dass Jesus ziemlich oft über das ewige Leben sprach. Ich machte mir mehr Gedanken darüber, wie ich älter als zwanzig werden konnte.« Siehe Johannes 3,16-17.

»Jesus sagte, dass Gottes Geist in mein Herz kommen und mich verändern würde. *Wie kann etwas wie Gottes Geist in meinen Körper, in mein Herz passen? Wie kann ich an etwas glauben, das ich nicht sehen oder anfassen kann?*« Siehe Johannes 3,1-15.

»Ich las weiter und stieß auf die Aussage von Jesus, dass Diebe kommen, um zu stehlen, zu töten und zu zerstören – während er gekommen war, damit wir Leben ›im Überfluss‹ haben können.« Siehe Johannes 10,10.

»Wenn ich auf biblische Berichte stieß, wie Jesus die Kranken, Blinden und Tauben heilte, las ich darüber hinweg.« Siehe Matthäus 11,1-6.

»›Sag mir, Robby, wie erklärst du dir die Sache mit den Männern, die am engsten mit Jesus zusammenlebten und ihn dann am Kreuz sterben sahen? Sie begruben seine Leiche und behaupteten anschließend, gesehen zu haben, wie er aus diesem Grab auferstanden war, genau, wie er versprochen hatte.‹« Siehe Matthäus 27-28; Johannes 19-21; Hebräer 11,35-12,2.

»Dave nickte. ›Hast du von den über 500 Männern gelesen, die behaupteten, sie hätten ihn nach seiner Auferstehung gesehen?‹« Siehe 1. Korinther 15,1-8.

»Bei unserem nächsten Treffen sagte ich zu Dave: ›Ich weiß, dass ein Kind um Vergebung bitten soll, wenn es seinen Eltern ungehorsam war.‹« Siehe Epheser 6,1.

»Ich spürte, dass etwas an meinem verschlossenen Inneren rüttelte, aber das alles war mir nicht geheuer.« Siehe Offenbarung 3,20.

»Am Ende war mir klar, dass alles auf ein einziges Thema hinauslief: *Wie werde ich mich in dieser Jesussache entscheiden? Halte ich ihn für einen Verrückten wie meine Mutter, oder riskiere ich ein letztes Mal Hoffnung und glaube, was er über sich sagt?« Siehe Matthäus 16,13-17.*

Kapitel 19

Aber plötzlich erinnerte ich mich an die Worte von Jesus: »Halte auch die andere Wange hin.« Siehe Matthäus 5,39.

»Ich drehte das Buch um. Dann las ich einen Vers: ›Eine freundliche Antwort besänftigt den Zorn.‹« Siehe Sprüche 15,1.

Kapitel 21

»Und jetzt bot mir der ›Ich bin, der ich bin‹, der Gott des Universums, an, mich zu adoptieren – *mich*.« Siehe Römer 8,14-17.

Kapitel 22

»Gott erhörte dieses Gebet. Er half mir, meine Wut auf Pauline loszulassen, und warf sie weit weg, ›so fern der Osten vom Westen ist‹.« Siehe Psalm 103,12.

Kapitel 24

»Bis ich die Geschichte von Corrie ten Boom hörte.« Siehe: *Die Zuflucht* von Corrie ten Boom, Holzgerlingen: SCM Hänssler, 2011.

»Ich musste immer wieder über das fünfte Gebot, ›Ehre deinen Vater und deine Mutter‹, nachdenken.« Siehe 2. Mose 20,12.

»Dort las ich: ›Überlasst all eure Sorgen Gott, denn er sorgt sich um alles, was euch betrifft!‹« Siehe 1. Petrus 5,7.

»Die ganze nächste Woche über umgab mich eine tiefe Ruhe. Ich wusste, dass die Zeit gekommen war.« Siehe Philipper 4,7.

»Ich hatte beschlossen, kein Opfer zu sein, das von einem Kindheitstrauma gelähmt war, und nun fühlte ich mich frei – als hätte mir jemand schwere Ketten von den Beinen genommen.« Siehe Galater 5,1.

Nachwort
»Als ich mich nach Gott und der Hoffnung ausstreckte, die er jedem unabhängig von Herkunft, Sprache oder Kultur anbietet, habe ich erkannt, dass nichts, worunter ich leiden muss, weder Misshandlung noch Gleichgültigkeit, nichts, das geschehen ist oder je geschehen wird – auch nicht der Tod –, mich von der Liebe Gottes trennen kann.« Siehe Römer 8,38-39.

Über den Autor

Mehr Informationen zu Rob Mitchell auf den (englischen) Internetseiten www.rbmitchell.com oder www.castawaykid.com.

Mehr Informationen zu Gruppen, die das Buch gemeinsam lesen, auf der (deutschen) Internetseite: www.SCMedien.de/Mitchell.